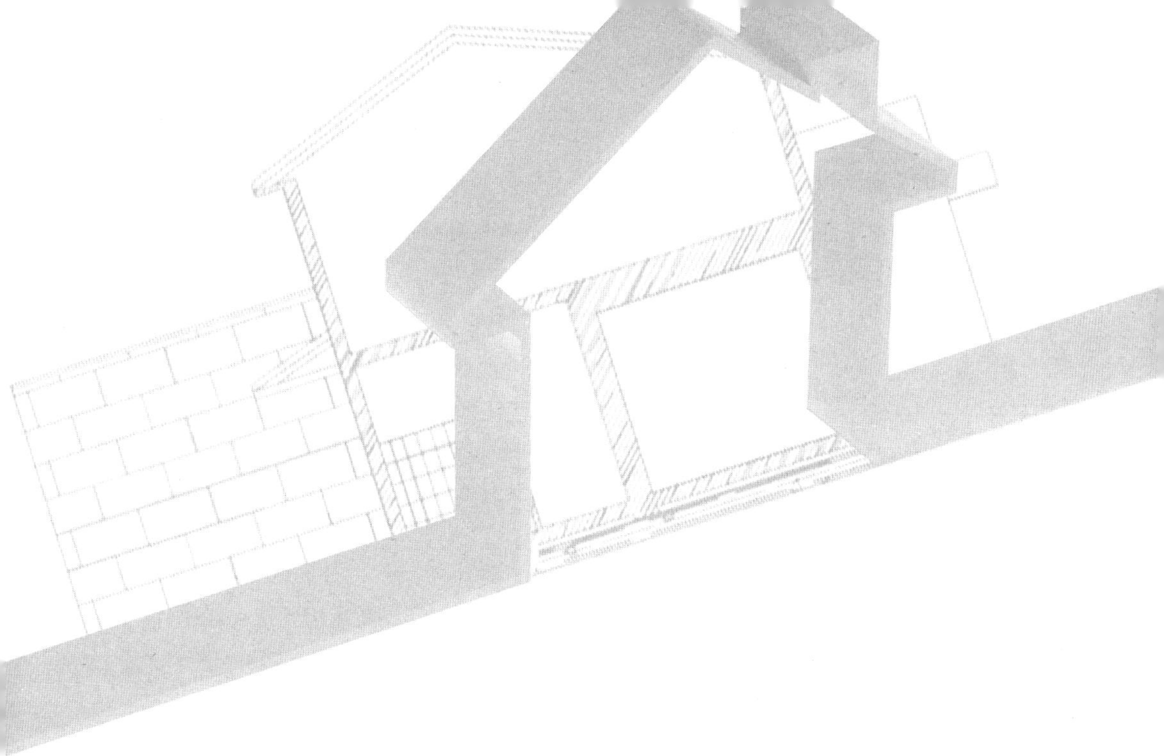

高职电子商务人才培养的
研究与实践

李 华 著

中央编译出版社
Central Compilation & Translation Press

图书在版编目（CIP）数据

高职电子商务人才培养的研究与实践／李华著．—
北京：中央编译出版社，2021.2
　　ISBN 978-7-5117-3632-1

Ⅰ.①高…　Ⅱ.①李…　Ⅲ.①高等职业教育—
电子商务—人才培养—研究—中国　Ⅳ.①F713.36

中国版本图书馆 CIP 数据核字（2018）第 233871 号

高职电子商务人才培养的研究与实践

责任编辑	郑永杰
责任印制	刘　慧
出版发行	中央编译出版社
地　　址	北京西城区车公庄大街乙 5 号鸿儒大厦 B 座（100044）
电　　话	（010）52612345（总编室）　（010）52612365（编辑室）
	（010）52612316（发行）　　（010）52612369（网站）
传　　真	（010）66515838
经　　销	全国新华书店
印　　刷	三河市华东印刷有限公司
开　　本	710 毫米×1000 毫米　1/16
字　　数	185 千字
印　　张	11.5
版　　次	2021 年 2 月第 1 版
印　　次	2021 年 2 月第 1 次印刷
定　　价	60.00 元

新浪微博：@ 中央编译出版社　　　微　信：中央编译出版社（ID: cctphome）
淘宝店铺：中央编译出版社直销店（http://shop108367160.taobao.com）　（010）52612322

本社常年法律顾问：北京市吴栾赵阎律师事务所律师　闫军　梁勤
凡有印装质量问题，本社负责调换，电话：（010）52612322

前 言

电子商务的发展日新月异,新技术层出不穷,已经从"星星之火"发展到"可以燎原"的阶段,电子商务专业的教学却面临着严峻的挑战,人才需求量大和就业率低的矛盾发人深省:企业到底需要怎样的电子商务人才?电子商务人才到底该如何培养?这些问题都直接取决于人才培养模式是否与经济发展过程形成良性互动。在"大众创业,万众创新"这个时代,电子商务专业的教学和人才培养要紧跟时代的步伐,要欣然拥抱这个灿烂的时代而"上下求索"。

本书系淄博职业学院教学改革重点课题"基于'创业项目'导向的高职电子商务专业的教学改革"(编号:A0909)和中国高等教育学会重点课题"'层次贯通制'的高职电子商务人才培养模式与淄博区域经济协调发展的实证研究"(编号:2011GZZX014)的研究成果。

本书从高职电子商务人才培养面临的困境出发提出了切实可行的人才培养方法:"创业导向,产教融合"和构建"层次贯通制"的高职电子商务人才培养的现代职业教育体系。从2009年笔者开始研究,边研究边实践,在淄博职业学院的电子商务专业的人才培养中取得了可喜的成果,通过它将创业教育与职业教育紧密结合,将专业教育与地方企业和市场紧密结合,在提高教学质量、促进就业、服务产业等方面收获可观的经济效益的同时也产生了广泛的社会影响,实现了学校、教师、学生、企业的多赢。

同时,"层次贯通制"的现代职业教育体系可以为高职电子商务人才教育在与中职教育和应用型本科教育的共同进步中找到高职教育的发展空间,为高职教育的可持续发展迈出实质性的一步,为现代职业教育体系的构建和发展提供参考。

根据内容安排,本书共分为七章:

第一章是绪论,介绍了研究背景、国内外研究现状、研究目的、研究内容和研究创新。

第二章是高职电子商务人才的培养现状。主要研究了目前高职电子商务专业教学存在的问题、区域经济对高级电子商务应用型人才的多元化需求,在此基础上提出了高职电子商务专业人才培养的解决办法:构建"创业导向,产教融合"的人才培养模式和构建"层次贯通制"的高职电子商务人才培养的现代职业教育体系。

第三章是"创业导向,产教融合"人才培养模式的构建。主要研究了人才培养模式的内涵和人才培养模式构建的意义。

第四章是"创业导向,产教融合"人才培养模式的实施。主要内容包括:面向淄博区域经济发展,开发网上创业项目、构建集"学习、实践、服务、创业"于一体的网上生产性实训基地、构建基于"循环式"网上创业项目的课程体系、以网上"创业项目"为主线的实践教学优化课程结构、利用信息技术进行课程整合以实现网上创业环境下的探究型教学模式、设计"以赛促教、以赛促学、以赛促考"的考试模式以改革专业教学的考核办法、开发产教融合的课程标准以实现教学的可测量性。

第五章是"创业导向,产教融合"人才培养模式的实施效果。主要介绍了三个方面的实施效果:专业教学方面的实施效果、社会服务方面的实施效果和学生就业方面的实施效果。

第六章是"层次贯通制"的高职电子商务人才培养的现代职业教育体系的构建。主要研究了三个方面的内容:淄博市电子商务人才教育服务区域经济的现状研究、"层次贯通制"的高职电子商务人才培养的可行性分析、"层次贯通制"的高职电子商务人才培养的现代职业教育体系的构建。

第七章是"层次贯通制"的高职电子商务人才教育服务区域经济的机制研究。主要内容包括：产教融合模式下的机制改革与创新、与区域经济良性互动发展的有效途径、带动贫困区县教育发展的机制研究、"层次贯通制"的现代职业教育体系服务区域经济的对策建议、研究反思，最后介绍了研究成果的获奖情况。

书末的附录收录了研究过程中形成的电子商务专业职业岗位（群）调查表。

本书在撰写的过程中得到了淄博职业学院工商管理学院电子商务教育教学部全体老师的大力支持和帮助，在此谨表感谢！同时，也要感谢我的学生马文正、韩梅、魏浩、田振华等，他们卓有成效的创业成果为高职电子商务人才的培养提供了现实的动力！在此也要感谢我的家人，是他们的默默支持和无私奉献让我坚持不懈、勇往直前！借此机会也向为本书问世给予帮助的单位和个人表示衷心的感谢！

由于本人水平有限，本书存在诸多不足，希望读者批评指正，共同为电子商务教学一线的高等院校老师和科研人员、政府部门、协会、企业等提供真知灼见。

淄博职业学院　李华
2018 年 3 月

目 录
CONTENTS

第一章 绪 论 ························· 1
 第一节 研究背景 1
 第二节 国内外研究现状 3
 第三节 研究目的 5
 第四节 研究内容 6
 第五节 研究创新 8

第二章 高职电子商务人才的培养现状 ··············· 10
 第一节 高职电子商务专业教学存在的问题 10
 第二节 区域经济对高级电子商务应用型人才的多元化需求 11
 第三节 高职电子商务人才培养的解决办法 12

第三章 "创业导向,产教融合"人才培养模式的构建 ········· 14
 第一节 人才培养模式的内涵 14
 第二节 人才培养模式构建的意义 15

第四章 "创业导向,产教融合"人才培养模式的实施 ········· 17
 第一节 面向淄博区域经济发展,开发网上创业项目 17

第二节 构建集"学习、实践、服务、创业"于一体的网上生产性
实训基地 19

第三节 构建基于"循环式"网上创业项目的课程体系 20

第四节 以网上"创业项目"为主线的实践教学优化课程结构 31

第五节 利用信息技术进行课程整合以实现网上创业环境下的探究型
教学模式 34

第六节 设计"以赛促教、以赛促学、以赛促考"的考试模式以改革
专业教学的考核办法 38

第七节 开发"产教融合"的课程标准以实现教学的可测量性 47

第五章 "创业导向,产教融合"人才培养模式的实施效果 …………106

第一节 专业教学方面的实施效果 106

第二节 社会服务方面的实施效果 120

第三节 学生就业方面的实施效果 125

第六章 "层次贯通制"的高职电子商务人才培养的现代职业教育
体系的构建 ……………………………………………………129

第一节 淄博市电子商务人才教育服务区域经济的现状研究 130

第二节 "层次贯通制"的高职电子商务人才培养的可行性分析 136

第三节 "层次贯通制"的高职电子商务人才培养的现代职业教育
体系的构建 137

第七章 "层次贯通制"的高职电子商务人才教育服务区域经济的
机制研究 ……………………………………………………142

第一节 产教融合模式下的机制改革与创新 142

第二节 与区域经济良性互动发展的有效途径 148

第三节　带动贫困区县教育发展的机制研究　150

第四节　"层次贯通制"的现代职业教育体系服务区域经济的对策
　　　　建议　151

第五节　研究反思　154

第六节　成果获奖　155

附录　人才需求调查表　157

参考文献　168

第一章

绪 论

第一节 研究背景

当今世界,电子商务信息技术的快速发展和广泛应用已引发了一场新的全球性的产业革命,电子商务信息化水平已成为衡量国家城市现代化水平的重要标志。大量事实证明,大力推进电子商务信息化能有力促进区域经济和科技的跨越式发展。党中央、国务院明确提出,电子商务信息化建设要作为国民经济持续稳定发展的重要战略。国家"十三五"规划纲要中,也把推进信息化工作作为重要内容。信息化事业的发展,可以促进经济增长方式的转变并对经济社会的发展做出持续贡献。因此,我们要下大力气,普及和深化电子商务信息技术的应用,加速对传统工业高耗能、高排放行业的信息化改造,减少物资能耗,降低环境污染,引导物资资源的优化、高效配置,提高经济运行的质量和效率,使得电子商务信息服务业成为推动区域经济发展的新的经济增长点。

专家指出,加快电子商务发展是提高国际竞争力的必然选择,有利于提高区域在更大范围内配置资源的能力,有助于消除妨碍公平竞争的制约因素，降低交易成本，更有利于提升区域竞争力，推动全国统一市场的形成与完善，能更好地实现市场对资源的基础性配置。

2009年11月23日，国务院正式批复《黄河三角洲高效生态经济区发展规划》（以下简称《规划》）。黄河三角洲地区的发展上升为国家战略，已经先后列入了国家"十五"规划到"十三五"规划。《规划》明确指出要从实际出发，坚持以信息化带动工业化发展，坚持科教兴区，继续优先发展教育事业。明确各级政府要稳步发展高等教育，提高办学质量和水平。大力发展职业教育和培训网络，建立健全适应区域产业发展的多层次的职业教育和培训体系，形成多层次、开放式的终身教育网络。

但是，由于黄河三角洲的开发建设仍处于起步阶段，整体实力弱，竞争力不强，面临着周边发达地区对资金、技术、人才"抽离效应"的严峻挑战，而淄博地处黄河三角洲，产业结构层次偏低，高层次人才匮乏，劳动者素质较低，自主创新能力弱，高效生态经济尚处于起步阶段。因此，淄博市在计划重点做好《规划》的工作中指出，加速对传统工业的信息化改造，大力推进生产力合理布局和区域协调发展，并结合淄博市委、市政府《关于加快教育改革与发展的决定》的目标，大力发展职业教育和培训教育，为区域经济的发展提供巨大的、潜在的劳动生产力。

高职教育面向区域经济，为区域经济服务。同时，高职院校的招生以当地生源为主，而异地就业的比重并不大，因此，对于高职院校来说，区域环境和区域经济决定了高职教育的人才培养模式和人才就业。根据区域经济理论，淄博处于从工业化中期向工业化后期转变的阶段，进一步调整和升级产业结构是黄河三角洲大开发时期淄博经济工作的重点。发展高新技术产业，用高新技术改造传统产业，用信息化带动工业化，提高区域经济的现代化水平，必然需要与之相适应且掌握信息技术的复合型高等职业人才。

但是，淄博市城镇职工中，技术工人只占50%，其中，初级工、中级工、高级工的比例分别是38%、53%、9%，高级工的比例与发达国家

（40%）相比严重偏低。根据淄博市劳动和社会保障局对近年来劳动力市场供求信息的分析,电子商务人才的调研情况不容乐观,就业率虽然在逐年提高,但是,依然保持在平均就业率的水平,远远不能满足区域经济对人才的需求。

毫无疑问,区域经济的发展需要电子商务人才,但是,需求量大和就业率低的矛盾却发人深省:企业到底需要怎样的电子商务人才?电子商务专业该如何设置?电子商务人才该如何培养才能更好地为区域经济服务?这些都直接取决于电子商务人才的培养模式与区域经济的结构特点和发展过程中的良性互动,以及缩小区域产业的现有电子商务技能型人才的结构与合理的电子商务技能型人才的结构之间的差异,因此,必须立足淄博现有的实际情况,从电子商务人才服务淄博区域经济社会的功能、现状、途径、机制、对策等入手,创新高职教育服务区域经济发展的对策,引导高校主动全面深入地为区域经济服务,为淄博发展区域经济以及国家统筹区域教育综合改革提供理论和实践支持,为各级政府及其相关部门进一步发展区域经济提供决策依据。

第二节　国内外研究现状

一、国外高职教育服务区域经济发展的研究

在知识经济时代,区域经济中知识资源的扩展和技术的迅速扩散为区域经济的发展提供了源泉。国外高等教育包括高职教育在探索如何将知识转化成生产力、推动所在区域经济社会发展方面已有百余年的历史。国外主要采用双元制、CBE 和 TAFE 三种模式来培养高职人才。其中,双元制模式是按照企业对人才的要求,由企业和学校共同培养人才。

CBE模式的基础是能力,能力目标由职业岗位的需求决定。该模式建立了课程开发委员会来制定能力分解表,并根据能力分解表来设置课程和组织教学,课程考核结果以是否实现能力目标为准。而课程开发委员会由企业专家组成。

TAFE模式是一种多层次的综合性人才培养模式。该模式处于国家框架体系下,具有以学生为中心并有效衔接中学和大学的特点,它是一种以产业为推动力量,由政府、行业与学校相结合来办学的教育模式。

这三种模式各有千秋,但其共同点在于注重实践以及服务区域经济的发展,并在企业与学校之间架起了有效沟通的桥梁。这不仅为经济社会的发展做出了巨大贡献,也给学校带来了课题和经费,促进了学校的繁荣。另外,国外高职教育与企业及区域经济发展紧密结合的趋势带动了一个甚至几个相关高科技产业,从而推动了区域经济和社会的发展,给我国探索高职教育如何为区域经济服务提供了示范和借鉴。

二、国内高职教育服务区域经济发展的研究

高职教育作为高等教育中的一种类型,它直接服务于区域经济的发展。目前,我国高职教育处于快速发展阶段,主要有国家办学、个人办学、企业办学等模式。其中,比较成熟的模式包括:顶岗实习模式、产学研结合模式、工学交替模式、"2+1"培养模式、校企合作模式等。

实践证明,高职教育为区域经济的发展提供了人才、智力、技术以及信息支持,是区域经济和社会发展的动力源泉,对区域经济的可持续增长和社会可持续发展具有重要意义。区域经济在发展和形成特色的同时呈现出整体化和综合化趋势,需要区域高职教育与其配合、为其服务,需要形成与区域经济发展相适应的区域高职教育模式。另外,"结构"是高职教育与区域经济互动发展的基础,产业结构的调整会导致高职教育在人才培养类型、人才培养素质和人才培养层次等方面与社会需求产生一些矛盾,所以,高职教育必须根据产业结构的变化来做出相应调整。比如,要优化高职教育的布局结构、层次结构、专业结构以及形式结构等。

第三节　研究目的

如前所述,面对电子商务人才的需求量大而就业率低的现实困境,本书将从微观和宏观层面进行电子商务人才培养的研究。微观层面体现在教学上,主要解决人才培养的教学问题。宏观层面体现在"层次贯通制"的高职电子商务人才培养的现代职业教育体系的构建上,主要解决高职电子商务人才培养如何在淄博区域经济社会发展的总体格局中实现与区域经济的和谐发展,以确保人才教育事业的健康发展和壮大。

一、微观层面:教学

如何利用网络资源、校内的教学资源和校外的企业资源进行"产教融合"教学,以解决校内模拟教学的虚拟性、仿真性、与企业实际业务的割裂性。另外,解决校外实习教学中学生不能深层次参与企业项目运作的问题,以及解决实习内容的不完善性和考核的非标准性等问题。

二、宏观层面:"层次贯通制"的高职电子商务人才培养的现代职业教育体系的构建

第一,解决高职电子商务人才教育如何与淄博区域经济的结构特点和发展方向实现前进过程中的良性互动问题。

第二,解决淄博区域产业现有的电子商务技能型人才的结构与合理的电子商务技能型人才的结构之间的差异,在与中职教育和普通高等教育的共同进步中,以"层次贯通制"的人才教育探索高职电子商务人才培养的发展空间。

第三,解决"层次贯通制"的电子商务人才教育改革创新服务区域经济发展的有效途径和体制。

第四节 研究内容

一、构建"创业导向,产教融合"的人才培养模式

(一)面向淄博区域经济发展,开发网上创业项目

借助于便捷和廉价的互联网,网上创业项目是教师、学生根据市场需求或合作企业的业务需求而建立的带有一定经济利益的真实运作项目,这些创业项目与专业课程深度融合并始终贯穿于整个教学过程中。这些项目包括:网上商店、业务推广、信息服务和自主创业项目等。

(二)构建集"学习、实践、服务、创业"于一体的网上生产性实训基地

以淄博职业学院易知网为基础,建立并开发"大学生网上创业城",主要具有网上商务(B2C、C2C)、企业信息、市场信息等功能,从而拓宽学生的创业空间,实现课堂与市场的结合。

(三)以网上创业项目的教学实施为重点,改革课程体系和专业教学的考核办法

改革现有的课程体系,建立了基于"循环式"网上创业项目的课程体系。设计了"利用信息技术进行课程整合以实现网上创业环境下的探究型"教学模式。设计了"以赛促教、以赛促学、以赛促考"的考试模式以改革现有的专业教学考核办法,解决了产教融合过程中对学生的评价与管理问题。

(四)开发"产教融合"的课程标准以实现教学的可测量性

围绕网上创业项目进行了包括课程标准、教学内容、网络实践平台等在内的开发建设。课程标准的开发建设使教学具备了可测量性,它是教

师执教的依据,也是人才培养的基本保障。

(五)"创业导向,产教融合"的人才培养模式的实施效果

2009年以来,淄博职业学院的电子商务专业对"创业导向,产教融合"的人才培养模式边研究边实施,并取得了可喜的成果。它将创业教育与职业教育紧密结合,将专业教育与地方企业和市场紧密结合,在提高教学质量、收获可观的经济效益的同时也产生了广泛的社会影响,在促进就业、服务产业等方面实现了学校、教师、学生、企业的多赢。

二、构建"层次贯通制"的高职电子商务人才培养的现代职业教育体系

(一)淄博市电子商务人才教育服务区域经济的现状研究

从实证的角度上研究高职电子商务人才教育对淄博区域经济增长的影响,分析电子商务人才结构服务淄博区域经济发展的贡献、差异、实质、成因等。

(二)"层次贯通制"的高职电子商务人才培养的可行性分析

从高职教育发展的理论层面、政策层面以及电子商务专业的专业特点三个方面分析"层次贯通制"的高职电子商务人才培养的现代职业教育体系构建的可行性。

(三)"层次贯通制"的高职电子商务人才培养的现代职业教育体系的构建

研究"层次贯通制"的高职电子商务人才培养的内涵、特色和意义,并研究"层次贯通制"的中职、高职、应用型本科人才教育的培养目标、"层次贯通"框架的构建以及课程体系的构建。

(四)"层次贯通制"的高职电子商务人才教育服务区域经济的机制研究

研究"产教融合"模式下的机制改革与创新、与区域经济良性互动发展的有效途径、带动贫困区县教育发展的机制以及有效服务区域经济发展的对策等内容。

第五节　研究创新

一、课程内容体现了项目的驱动性与实践性

"创业导向,产教融合"人才培养模式中设置的专业课程与创业项目深度融合,这彻底打破了传统培养模式中以知识为基础的课程内容设置,实现了以"能力本位"为基础的教学理念。

二、创业项目强调了全真性与职业性

创业项目是根据市场对企业业务和产品的需求,以及企业电子商务运作的现状和学生的专业能力培养的要求来开发的,这要求学生根据项目的职业要求来上岗操作,它弥补了模拟教学"仿真"项目的虚拟性和不实用性,也体现了实践操作的职业性。

三、专业教育强调了企业的参与性与开放性

与传统企业、淄博恒久网络等共建的易知网提高了企业和学生的参与度,企业因市场开拓、网络贸易的需要而关注互联网,学生因创业需求也关注互联网。大学生网上创业城的建立让市场与专业教育实现了无缝对接,实现了职业教育的开放性和服务性。

四、考核模式规范了教学管理、优化了教学评价

"以赛促教、以赛促学、以赛促考"的考试模式的设计解决了"产教融合"教学对学生"技能与上岗"的评价与管理问题。

五、研究拓展了高教的社会服务动能

在高职教育服务区域经济社会发展的理论研究上,本书对功能、作用、机制等方面进行了研究,这拓展了高职教育的社会服务职能,丰富和发展了已有理论。

六、前瞻性地构建了"层次贯通制"的高职电子商务人才培养的现代职业教育体系

这种与区域经济社会和谐发展的"大教育"体系可以确保区域教育事业的健康可持续发展,真正起到为区域经济的发展培养人才的作用。

七、研究对劳动贫困区县教育发展有推进作用

研究并不仅仅停留在对淄博市高职电子商务人才教育服务区域经济发展的一般性的理论探讨上,还要研究在淄博区域经济发展中如何带动贫困区县的教育发展机制的改革与创新、途径与政策建议等,这将有助于引导淄博高校有效服务区域经济的发展,并对其他区域统筹城乡教育的发展有一定的参考价值。

第二章

高职电子商务人才的培养现状

第一节 高职电子商务专业教学存在的问题

目前,高职电子商务专业教学主要采用模拟教学和校外实习两种模式,这两种模式都存在明显的不足。

第一,模拟教学具有机械化的特点,且与企业的真实业务截然不同,不具有市场的灵活性,忽视培养学生的商务分析能力,对于学生来说,无法真正感知和理解市场的瞬息万变以及商务的内涵与精髓。

第二,校外实习教学中,企业管理、市场开发、客户关系管理、营销等工作大部分都涉及商业机密,学生实习不能完全介入。所以,企业与学校的合作力度只停留在表面,一般都是根据企业需要,让学生做一些简单工作或做一些杂事,学生不能深层次参与项目的运作,这导致了实习内容的低层次和培养目标的缺失。另外,实习考核的内容与标准无法确定,无法做到科学客观地考核学生。所以,校外实习并没有实现学校、企业、学生三者的共赢。

第二节 区域经济对高级电子商务应用型人才的多元化需求

目前,淄博经济社会发展的总趋势由注重工业化转向信息化,由注重经济总量的发展转向注重经济发展的质量,技术含量低的传统产业逐步被以高、精、尖、新技术为主导的电子信息、通信和IT产业所代替。与之相随,高技术含量的职业岗位的大量涌现,市场对高级应用型人才的需求层次具有了多元化的特点,而不再简单地需求大专层次。因此,目前单一的中职、高职和应用型本科的人才结构已不能满足市场需要,这一点从电子商务毕业生就业率较低的现状就可以发现。

另外,高等职业教育作为高等教育的一种类型,其本身应该具有多种层次体系和多种规格形式。如北京、上海等经济发达地区率先举办了四年制技术教育,清华大学进行了以攻读"第二学位"为主的新模式试点,培养目标是高技能、高素质的高等技术和管理人才。所以,高等职业教育模式应以培养满足生产、管理、服务等一线需要的大专层次的高等应用型人才为主体,适度发展具有独立的技术研究能力、能够把理论知识和实践技能相结合的本科层次的高等技术人才乃至工程硕士,形成"层次贯通"的高等职业教育模式。

所以,结合高职教育的国际发展趋势,本书对中职、高职和应用型本科的"层次贯通"的人才培养进行探索研究,这无疑有助于高职教育办出特色,办出创新,在自主创新中培养人才,在贡献力量中提高质量,在服务区域经济社会发展中体现价值。

第三节　高职电子商务人才培养的解决办法

一、构建"创业导向,产教融合"的人才培养模式

针对以上人才培养模式的不足,如何利用校内教学资源与校外企业资源进行"产教融合"教学,如何弥补模拟教学的虚拟性、与企业实际业务的割裂性,以及如何弥补校外实习中的不完善性、考核的非标准性等是电子商务人才培养需要解决的重点问题。所以,淄博职业学院电子商务专业一直在努力寻求一种教学方式,能让学生掌握学习的主动权,让他们乐于主动学习知识与技能。为此,2009年,电子商务专业率先建立了校园电子商务平台——易知网,来开展学生网上创业活动。根据电子商务的网络化特点,利用便捷和廉价的网络资源、校内的教学资源和校外的企业资源进行基于"创业项目"导向的教学改革。

网上"创业项目"是具有经济利益的真实项目,它是由教师和学生根据市场需求或合作企业的需要而建立的。它依托互联网,信息资源丰富,环境与业务运作流程真实,因此,该培养模式从微观的角度上能弥补校内模拟教学中教学内容机械化、不切实际等缺点,也能解决校外实习教学中学生不能深层次参与项目运作等问题。

二、构建"层次贯通制"的高职电子商务人才培养的现代职业教育体系

职业教育是以掌握某一行业技能为目的的教育,与以知识体系为脉络的普通教育相比,目前还没有形成一个教育体系。中职和高职的贯通是建立体系的第一步,高职和应用型本科的贯通是建立体系的第二步。本书将从高职电子商务人才教育服务淄博区域经济的实证研究的角度,

在人才教育与区域经济发展的相关性、在区域经济发展中的作用和功能等理论分析的基础上,考察分析其服务区域经济发展的现状,全面把握其贡献、差异(特征)、经验、问题和成因,坚持既与普通高等教育相协调,又与中职教育相衔接的原则,努力构建与市场需求紧密结合、结构合理、自主发展的"立交桥式"的现代职业教育体系。也就是从宏观上构建从中职、高职到应用型本科的"层次贯通制"的高职电子商务人才培养模式,为我国高职教育强化质量,办出特色,摆脱"次要教育"的尴尬处境迈出实质性的第一步,为其走向可持续发展的道路提供参考。

"层次贯通制"的高职电子商务人才培养的现代职业教育体系,也就是发挥高职院校在职业教育中的龙头示范作用,以培养满足生产、管理、服务等一线需要的大专层次的高等应用型人才为主体,适度培养具有独立的技术研究能力、能够把理论知识和实践技能相结合的本科层次的高等技术人才乃至工程硕士,形成"层次贯通"的高等职业教育模式,以提高办学效率和教育资源的利用率,提高地方高校人才培养、科学研究和社会服务功能的整体效能。

第三章

"创业导向,产教融合"人才培养模式的构建

第一节 人才培养模式的内涵

根据电子商务专业的特点构建"创业导向,产教融合"的人才培养模式。"创业导向,产教融合"既体现了"创业导向"电子商务人才培养的方向,又体现了"产教融合"在人才培养方面的具体做法,是脚踏实地进行人才培养的具有高职特色的人才培养模式。具体内涵如下:

一、创业导向

电子商务可以实现学生的零成本创业,所以,电子商务专业紧抓这一特点,通过创业激发学生的学习兴趣。通过创业这一目标,将学习内容贯穿进去,学生在学习本专业的同时已经走在了创业的路上。

创业导向中的网上创业项目是基于社会需求、校企联合、学生参与并具有一定经济利益的真实实践项目。通过项目引入弥补了教学中内容不切实际、形式死板、学生不能在真实环境下进行实际操作等缺点,重点培养学生的主动学习能力和创业能力,毕业生将既是工作岗位的创造者又

是求职者,而不再仅仅是以往的求职者。

二、产教融合

坚持"产教融合"的办学理念,打造"校中企、企中校"的办学特色,办学定位实现区域融合,培养方式实现校企融合。

（一）专业建设方面

通过对人才需求进行调研,把区域经济和产业发展对人才的需求融入人才培养方案的顶层设计、课程设计、教学设计等主要方面,让学生在体会产业发展的实践中提升学习兴趣和调整职业生涯规划,实现专业建设与产业发展相融合。

（二）教学实践方面

通过创建网上生产性实训基地进行专业教学和社会服务,以创业项目的生产过程为核心,让学生在"学中做,做中学",实现教学实践与生产实践相融合。

（三）教学艺术方面

以精品课程和优质课程的建设为载体,创建由创业项目带动、任务驱动等"教、学、做"一体化的教学情境,并运用直观真实的产品、立体再现的教学视频等让学生体会项目的技术知识,实现教学艺术和产品技术相融合。

第二节　人才培养模式构建的意义

一、学生方面

1. 创业项目是基于真实的实践项目,通过学习激发学生的学习兴趣,实现由"要我学"到"我要学"的转变,实现由生手向熟手的转变。

2. 创业项目不仅让学生找到所学专业知识和技能的空间,同时也为社会创造了一定的财富,也解决了学生的部分学费,实现了由熟手向能手的转变。

3. 创业项目让学生在自主创业的实践活动中不断提高自己的创业意识和创新能力,为他们走出校门后的自谋职业和创造新的工作岗位打下坚实的基础,实现由能手向高手的转变。

二、教师方面

1. 学生选择创业项目后,由项目导师指导学生进行网上创业,导师既是指导者又是学习者,通过真实项目的创业解决教学中存在的问题,同时也解决教师社会实践锻炼的问题,让教师真正成为"双师型"教师。

2. 随着互联网应用的不断发展,教师的专业知识也需要不断更新和应用。通过参与企业真实项目的指导,教师可以不断获取新知识和新技术,从而能够更好地驾驭专业教学。

三、企业方面

1. 随着电子商务的快速发展,企业也意识到电子商务的重要性,由于知识和人才的缺乏,急切需要通过与学校的合作来开拓互联网市场,所以学校赢得了企业的项目,企业赢得了学校的资源,从而实现了学校和企业的双赢。

2. 通过校企合作的不断深入,企业与学校建立良好的用人渠道。在校期间,学生了解和接触企业的产品信息,熟悉企业的电子商务运作模式,从而解决企业人才缺乏的问题。

第四章

"创业导向,产教融合"人才培养模式的实施

第一节　面向淄博区域经济发展,开发网上创业项目

一、网上商店项目

学生选择网上创业项目后,第一学年,学生以淄博职业学院易知网、淘宝网和其他交易平台为基础,完成网店开通、装修、推广等开设工作,后续工作学生可以结合校企合作项目进行业务延伸。该项目与电子商务实务、网上创业、网店运营等课程相融合,从而实现零成本创业。

二、网站设计项目

通过与地方企业合作(鲁工造粒、山东嘉和等),根据市场需求共同设计创业项目。该项目主要与网页设计与制作、网站建设与维护、Photoshop 等课程相融合。

三、业务推广项目

通过与地方企业合作(淄博汇宝、博泰机械等),帮助企业利用互联

网来推销产品,推广业务,开拓市场。该项目主要与市场营销、视觉营销设计、搜索引擎优化、网络营销等课程相融合。

四、网络贸易项目

通过与阿里巴巴电子商务有限公司合作,以阿里巴巴中国站和国际站为平台,帮助淄博市中小企业进行网络贸易。该项目与跨境电商、国际贸易、电子商务考证等课程相融合。

五、网络客服项目

通过与圆通速递合作,帮助企业开发新客户、维护老客户,实现市场开拓的目的。该项目主要与客户关系管理实务、客户开发与维护、商务礼仪等课程相融合。

六、信息服务项目

通过与阿里巴巴电子商务有限公司合作,以阿里巴巴中国站和国际站为平台,以大学生创业园为创业基地,开发信息服务项目,提高学生的网络信息搜索、发布、交流等能力,实现帮助企业在网上寻求客户的目的。该项目与网络贸易实务、商务英语等课程相融合。

七、自主创业项目

通过与淄博地方企业合作,根据市场需求,师生共同设计并开发自主创业项目,经过企业专家认证后实施。该项目主要与电子商务案例分析、网上创业、电子商务与现代物流等课程相融合。

第二节　构建集"学习、实践、服务、创业"于一体的网上生产性实训基地

以校园商城易知网为基础,建立并开发"大学生网上创业城",主要具有网上商务(B2C、C2C)、网上创业论坛、企业信息、市场信息等功能,从而拓宽学生的创业空间,真正实现课堂与市场的结合(见图4-1和图4-2)。

图4-1　易知网

图4-2 易知网校园商城

第三节 构建基于"循环式"网上创业项目的课程体系

过去十几年,国内高职院校电子商务专业的课程体系大多经历了一个探索过程,专业定位和课程体系从最初的"以网站建设与维护为主线"发展到后来的"按照商务运营、网络技术服务并重全能培养"和"以网络营销为主线"等多种探索,存在着全岗培养、与商务实践业务脱节、毕业生就业难或专业对口率低等问题。

专业课程体系的构建必须符合本地产业及相关职业岗位(群)对电子商务人才的实际需求。本书总结了办学过程中的经验教训,对以淄博当地企业为主的三十多家具有代表性的大型、中型、小型企业进行了人才需求调研,详情见附录中的"附表1 电子商务专业职业岗位(群)调查表"。

另外,本书结合历年麦可思数据有限公司的《淄博职业学院应届毕业生培养质量评价报告》进行调研,调研结果表明:淄博地区无论是传统的批发和零售业、制造业、商务服务业,还是新型的IT产业、现代物流业、现代金融业等行业,都需要大量的懂电子商务技能的现代商务人才来从事互联网贸易、互联网营销和客户服务三类岗位的工作。

另外,调研结果还表明:电子商务专业不是一个全新的专业,而是国际贸易、市场营销和现代物流等传统专业利用计算机技术和网络技术等现代信息技术的综合和改良,它属于现代商务技能综合的边缘学科,满足了社会对商务复合型技能人才的岗位需求。

同时,毕业生的就业行业分布状况表明:电子商务专业毕业生的就业领域大多仍是传统的商务系列专业(如国际贸易、市场营销、物资采购、管理学和物流管理等)的就业岗位。

因此,课程体系的构建基于新的专业定位:本专业培养德、智、体全面发展,能熟练利用计算机信息技术从事企业电子商务活动或相关工作的高技能现代商务人才。主要面向互联网贸易、互联网营销、客户服务(在线咨询、呼叫中心等业务)三类岗位进行培养。

另外,课程体系的构建基于新的办学思路:依托淄博本地产业,重构以互联网贸易、互联网营销和客户服务为主线的新型电子商务专业课程体系。同时,依托虚实结合的多维立体化实训平台推进创业教育和产教融合的实践教学改革。

所以,基于以上分析,同时根据技术领域和职业岗位(群)的任职要求,参照相关行业(电子商务行业、贸易行业、物流行业和IT行业等)的职业资格标准,基于工作过程重构以"网上创业"为导向,由过去的以"网站建设与维护为主线"转向以"互联网贸易、互联网营销和客户服务"三个典型岗位为主线,具有鲜明产业特色的、经过多轮企业调研和校内外专家分析论证的实践性较强的新型高职电子商务专业课程体系(见表4-1和表4-2)。

表 4-1　电子商务专业知识、能力、素质结构分析表

结构类型	构成要素	课程设置
知识结构	1. 掌握市场经济的基本知识	经济学原理
	2. 掌握基本的商务法律知识	电子商务法
	3. 具有基本的会计、金融知识	会计实务
	4. 有一定的数学计算能力	高等数学、经济数学
	5. 具有基本的管理知识	管理学实务
能力结构	1. 计算机系统的基本操作能力	计算机文化基础、数据库
	2. 网站建设及维护能力	网页设计与制作、网站建设与维护、网店装修、Flash、Photoshop
	3. 网络营销的实现能力	市场营销、网络营销、视觉营销设计、网店营销、SEO
	4. 网上贸易的基本操作能力	互联网贸易实务、国际贸易实务、电子商务英语、电子商务实务、网上支付与结算、跨境电商
	5. 物流管理业务的处理能力	电子商务与现代物流、网店物流
	6. 基本的项目管理能力	企业经营管理沙盘、电子商务案例分析
	7. 客户服务的能力	客户关系管理实务、商务礼仪、网店客服
素质结构	1. 具有良好的思想道德品质	思想政治理论课
	2. 身体和心理健康状况良好	体育、思想政治理论课
	3. 有一定文字表达能力	应用文写作
	4. 科学的就业观和良好的职业素质	就业指导、形势与政策
	5. 具有一定的英语应用能力	大学英语、电子商务英语

表 4-2 典型岗位分析表

典型岗位	典型工作任务	职业能力	学习领域	网上创业项目
互联网贸易	1. 电子订货 2. 电子交易与支付 3. 物流配送 4. 购销存管理 5. 商务法规 6. 会计核算分析	1. 电子订货处理能力 2. 电子交易与支付能力 3. 物流配送能力 4. 信息收集与处理能力 5. 商务洽谈能力 6. 商务法规的应用能力 7. 电子合同的签订与处理能力 8. 购销存管理能力	1. 网络贸易实务 2. 电子商务考证 3. 网上创业课程 4. 电子商务物流 5. 国际贸易实务 6. 管理学实务 7. 会计实务 8. 电子商务法 9. 电子商务英语 10. 跨境电商	网上商店 自主创业 网络贸易
互联网营销	1. 网络市场的预测与调研 2. 网络营销渠道的开发、维护与管理 3. 网络营销方案策划 4. 网络推广 5. 网站建设与维护	1. 网站建设与维护能力 2. 商品信息采集与处理能力 3. 市场调查与分析能力 4. 网络业务推广能力 5. 网络营销策划能力 6. 在线交流能力	1. 网站建设与维护 2. 图像采集与处理 3. 市场营销 4. 文案编写 5. 网络营销 6. 视觉营销设计 7. 搜索引擎优化	业务推广 网上商店 网站设计
客户服务	1. 客户信息管理 2. 客户体验与沟通 3. 客户需求分析 4. 销售机会管理 5. 在线服务	1. 良好的语言和书面表达能力 2. 客户开发能力 3. 客户维护能力 4. 使用 CRM 软件的能力 5. 文字快速录入的能力	1. 商务礼仪 2. 汉字录入训练 3. 客户关系管理	自主创业 信息服务 网络客服

新的课程体系重视学生专业核心技能和职业核心能力的培养。互联

网贸易、互联网营销和客户服务三种岗位的职业能力相互促进,共同构成了电子商务人才的主要专业核心技能。

在课程体系中,基本素质类课程包括思想政治理论课、大学英语、体育、就业指导等;专业基础理论类课程包括管理学实务、会计实务等;信息技术类基础技能课程包括计算机文化基础、网站建设与维护、Photoshop、视觉营销设计等;职业能力课程包括网上创业、网店装修、网店营销、网店客服、网店物流、市场营销、网络营销、客户关系管理实务、搜索引擎优化、网上支付与结算、电子商务与现代物流等;职业资格认证类课程包括电子商务考证等;职业能力拓展类课程包括电子商务案例分析、企业经营管理沙盘等;其他专业技能课程都是现代信息技术与商务技能高度融合的整合课程。实践实训教学体系则包括网上创业、课程实训、专业综合实训、生产性实训、跟岗实习等环节。

同时,本专业围绕网上创业项目,整合课程内容,进行包括课程标准、教学内容、网络实践平台等在内的开发建设。

一、课程体系构建的主要思路

电子商务专业以前在教学中采用的项目化教学模式是针对某一门课程来设计教学项目和学习情境。这种模式一定程度上提高了学生的学习积极性,对于教学目标的实现有很大作用。但是,由于项目的设计仅针对某一门课程,忽视了课程之间的互相衔接,导致了不同课程之间缺少项目的支撑,使得学生学完专业课程后综合运用专业技能的能力很欠缺。

淄博职业学院电子商务专业的培养目标是,面向IT业、制造业、服务业等电子商务行业培养具有较强的网络贸易、网络营销、客户服务等能力,具有良好的职业素质、职业能力和创业能力的高素质技能型人才。所以,电子商务专业利用校园易知网,开发"循环式"网上创业教学项目,并构建了注重培养学生的职业素质、职业能力、实践能力、创业能力的课程体系。

"循环式"是指电子商务专业的课程教学以网上创业项目为主线来贯穿。创业项目包括网上商店、信息服务、业务推广和自主创业等。按照电子商务运营的工作过程对这些项目进行工作分解,根据分解的工作所需要的相关知识来设置专业课程,并进一步设计教学项目。学生围绕设计的教学项目来学习专业课程,三年学习结束后,完全可以成为一个"社会人"。

二、课程体系构建的具体方案

按照方案的设计思路,我们要求学生在校园易知网、淘宝网和其他网络平台进行网上创业,以网上创业为主线贯穿于课程的学习中。

前期(第一循环)通过学习电子商务实务、网上创业、市场营销、会计基础和管理学等课程,掌握电子商务的基础知识、市场调研的方法、营销策划的技能。以此为基础,学生可以对创业项目的可行性进行调研以及进行项目的营销策划。

中期(第二循环)通过学习网站建设与维护、网络贸易实务、网页设计与制作、视觉营销设计等课程,学生可以掌握创业项目规划的基本知识,并可进行项目的规划。

后期(第三循环)通过学习网店营销、网店物流、电子商务与现代物流、网络营销、搜索引擎优化、网店客服、客户关系管理实务等课程,学生可以进行网上创业项目的网络推广、物流配送、客户关系管理等实践工作。

教学项目的设计均以"网上创业项目"为主线,运用信息技术手段主动获取、分析、加工相关的信息资料,有效衔接和整合了专业课程,学生可以循序渐进地学习和掌握专业知识和技能,他们在学中做,在做中学。这种循环式的教学模式,学生始终围绕一个核心工作任务来完成课程的学习,促成了学生知识的迁移和网上创业能力的培养,它能够帮助学生明确学习目标,并整合各门课程的知识和技能。因此,通过网上创业项目这一主线,可以有效整合专业课程及职业能力,实现课程教学与创业项目的有机融合,把职业教育和创业教育融合在一起,真正实现产教结合,使学生理解为什么要开设这些专业课程,学习这些课程可以干什么。

三、课程体系构建的作用和意义

（一）校园易知网的建设和运作有利于学生职业能力的培养和职业素养的养成

校园易知网的建设和运作,不仅为专业教学提供了校内网上生产性实训基地,而且也为学生提供了一个真实的电子商务实践平台。利用这一平台,学生可以在良好的职业氛围中进行真实的商务活动,学以致用,解决实际问题。

（二）项目具有可操作性

创业项目是以学生熟悉的校园市场和校企合作项目为运作背景,以易知网和淘宝网为主要平台,以学生的网上开店、业务推广和自主创业等项目为主要工作任务,这些创业项目与学生的生活环境、学习环境和切身利益紧密相关,是学生有能力也有兴趣完成的工作。所以,项目具有很强的可操作性。

（三）促进学生就业

从全球范围来看,网上创业已经成为一种就业渠道。据 eBay 公司统计,在 eBay 美国站点上直接或间接就业的人数达到了 43 万人。在淘宝网上,近 40% 的会员是大学生,他们在完成专业学习的同时,在毕业前就积累了丰富的网上创业经验,拓宽了就业面。

四、课程体系的实践效果

重构后的课程体系对学生的职业能力和职业素养的培养起到了明显的促进作用,且前后课程衔接得当,能够根据产教融合的要求来充分体现教学的职业性、实践性和开放性。

2009年,本专业根据电子商务人才需求的调研情况,修订了2010级电子商务专业的教学设计,对原有教学体系进行改革,完成了2010级人才培养方案的修订和优化工作,在具体实施中,取得了明显的效果,详情见"第五章'创业导向,产教融合'人才培养模式的实施效果"。为了进一步总结和深化产教融合的教学成果,本专业分阶段从2009—2010学年第二学期到2017—2018学年第一学期对人才培养方案实施效果进行科学评价。学生满意度方面的评价见表4-3—表4-16。从评价结果来看,学生的满意度较高,在95%左右。

需要指出的是,本专业的2011—2017级的人才培养方案(普专班、校企合作班)都以2010级人才培养方案为基础来修订。

表4-3 2009—2010学年度第二学期电子商务专业教学满意度随机抽查情况统计表

序号	抽查班级	总人数	满意	基本满意	满意率	基本满意率
1	P08电商1班	25	24	1	96%	4%
2	P08电商2班	28	23	5	82%	18%
3	P08电商3班	27	25	2	93%	7%
4	P08电商4班	13	13	0	100%	0
	合计	93	85	8	91%	9%

表4-4 2010—2011学年度第一学期电子商务专业教学满意度随机抽查情况统计表

序号	抽查班级	总人数	满意	基本满意	满意率	基本满意率
1	P09电商1班	20	18	2	90%	10%
2	P09电商2班	25	23	2	92%	8%
3	P09电商3班	23	22	1	96%	4%
	合计	68	63	5	93%	7%

表4-5 2010—2011学年度第二学期电子商务专业教学满意度随机抽查情况统计表

序号	抽查班级	总人数	满意	基本满意	满意率	基本满意率
1	P09电商1班	20	19	1	95%	5%
2	P09电商2班	25	23	2	92%	8%
3	P09电商3班	23	22	1	96%	4%
	合计	68	64	4	94%	6%

表4-6 2012—2013学年度第一学期电子商务专业教学满意度随机抽查情况统计表

序号	抽查班级	总人数	满意	基本满意	满意率	基本满意率
1	P10电商1班	35	34	1	97%	3%
2	P10电商2班	35	33	2	94.3%	5.7%
	合计	70	67	3	95.7%	4.3%

表4-7 2012—2013学年度第二学期电子商务专业教学满意度随机抽查情况统计表

序号	抽查班级	总人数	满意	基本满意	满意率	基本满意率
1	P10电商1班	35	34	1	97%	3%
2	P10电商2班	35	33	2	94.3%	5.7%
	合计	70	67	3	95.7%	4.3%

表4-8 2013—2014学年度第一学期电子商务专业教学满意度随机抽查情况统计表

序号	抽查班级	总人数	满意	基本满意	满意率	基本满意率
1	P11电商1班	40	38	2	95%	5%
2	P11电商2班	40	38	2	95%	5%
3	P11电商3班	40	37	3	92.5%	7.5%
4	P11电商4班	40	37	3	92.5%	7.5%
	合计	160	150	10	93.8%	6.2%

表4-9 2013—2014学年度第二学期电子商务专业教学满意度随机抽查情况统计表

序号	抽查班级	总人数	满意	基本满意	满意率	基本满意率
1	P12电商1班	40	38	2	95%	5%
2	P12电商2班	40	38	2	95%	5%
3	P12电商3班	40	37	3	92.5%	7.5%
	合计	120	113	7	94.2%	5.8%

表4-10 2014—2015学年度第一学期电子商务专业教学满意度随机抽查情况统计表

序号	抽查班级	总人数	满意	基本满意	满意率	基本满意率
1	P13电商1班	40	38	2	95%	5%
2	P13电商2班	40	38	2	95%	5%
3	P13电商3班	40	38	2	95%	5%
	合计	120	114	6	95%	5%

表4-11 2014—2015学年度第二学期电子商务专业教学满意度随机抽查情况统计表

序号	抽查班级	总人数	满意	基本满意	满意率	基本满意率
1	P13电商1班	40	38	2	95%	5%
2	P13电商2班	40	38	2	95%	5%
3	P13电商3班	40	37	3	92.5%	7.5%
	合计	120	113	7	94.2%	5.8%

表4-12 2015—2016学年度第一学期电子商务专业教学满意度随机抽查情况统计表

序号	抽查班级	总人数	满意	基本满意	满意率	基本满意率
1	P14电商1班	40	38	2	95%	5%
2	P14电商2班	40	38	2	95%	5%
3	P14电商3班	40	37	3	92.5%	7.5%
4	P14电商4班	40	39	1	97.5%	2.5%
	合计	160	152	8	95%	5%

表4-13 2015—2016学年度第二学期电子商务专业教学满意度随机抽查情况统计表

序号	抽查班级	总人数	满意	基本满意	满意率	基本满意率
1	P14 电商 1 班	40	37	3	92.5%	7.5%
2	P14 电商 2 班	40	38	2	95%	5%
3	P14 电商 3 班	40	38	2	95%	5%
4	P14 电商 4 班	40	39	1	97.5%	2.5%
	合计	160	152	8	95%	5%

表4-14 2016—2017学年度第一学期电子商务专业教学满意度随机抽查情况统计表

序号	抽查班级	总人数	满意	基本满意	满意率	基本满意率
1	P15 电商 1 班	40	39	1	97.5%	2.5%
2	P15 电商 2 班	40	40	0	100%	0%
3	P15 电商 3 班	40	38	2	95%	5%
4	P15 电商 4 班	40	38	2	95%	5%
	合计	160	155	5	96.8%	3.2%

表4-15 2016—2017学年度第二学期电子商务专业教学满意度随机抽查情况统计表

序号	抽查班级	总人数	满意	基本满意	满意率	基本满意率
1	P15 电商 1 班	40	39	1	97.5%	2.5%
2	P15 电商 2 班	40	40	0	100%	0%
3	P15 电商 3 班	40	38	2	95%	5%
4	P15 电商 4 班	40	38	2	95%	5%
	合计	160	155	5	96.8%	3.2%

表4-16 2017—2018学年度第一学期电子商务专业教学满意度随机抽查情况统计表

序号	抽查班级	总人数	满意	基本满意	满意率	基本满意率
1	P16电商1班	40	39	1	97.5%	2.5%
2	P16电商2班	40	38	2	95%	5%
3	P16电商3班	40	38	2	95%	5%
4	L16电商	15	13	2	86.7%	13.3%
合计		135	128	7	94.8%	5.2%

第四节 以网上"创业项目"为主线的实践教学优化课程结构

一、课程体系结构优化的原则

课程体系结构优化的原则是以多维立体式的实践教学平台为基础，见图4-3。教师讲授与学生实践并重，理论知识以够用为度，实践操作以能力培养为主，提高实训室授课的比例及网上创业教学的比例。

电子商务专业根据以上原则认真执行，取得了一定成效，包括：专业课程中，公共基础课学时占17%，专业课学时占83%；专业必修课中，专业基础理论课学时占34%，专业技能课学时占66%；专业课程中，教师讲授部分占47.7%，学生操作部分占52.3%；专业综合实训课程减少，由原有的每学期（不包含第一、第六学期）两门改为一门，优化了实训课程的质量；专业课程中，集中实践环节的学时占总学时的比例为21.8%；专业必修课程中，在实训室授课的比例为64%，采用网上创业授课的比例为51%。

图 4-3 中,X 轴为课程虚拟仿真实训系统平台,由七套虚拟仿真实训系统组成,营造教、学、做一体化的实践环境,见表 4-17。Y 轴为专业综合实训系统平台,涵盖生产性实训和专业综合实训。Z 轴为网上创业实践平台,包括校园易知网、淘宝网和其他网络平台,以及校企合作引入的网上创业项目和企业的商务运作系统平台。通过该平台来组织校内的生产性实训和学生的网上创业实践,提高了实践教学的效果。

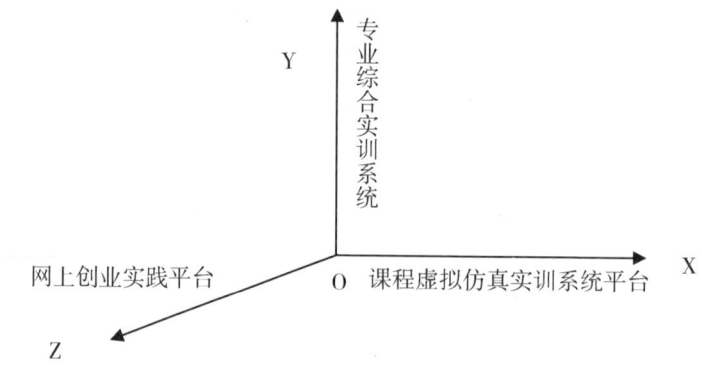

图 4-3　多维立体式的实践教学平台示意图

表 4-17　课程虚拟仿真实训教学系统表

序号	系统名称	功能结构	适用课程
1	博星电子商务开发平台系统	B/S 结构	网站建设与维护
2	金蝶 K/3ERP 系统	C/S 结构	ERP
3	电子商务技能考核平台系统	B/S 结构	电子商务考证、企业经营管理沙盘
4	外贸单证、外贸实务教学系统	B/S 结构	网络贸易实务、国际贸易实务、跨境电商
5	电子商务实训系统	B/S 结构	电子商务实务
6	CRM 教学系统	B/S 结构	客户关系管理实务、网店客服
7	网络营销教学系统	B/S 结构	网络营销、网店营销

二、网上创业实践教学

网上创业实践是指利用互联网和电子商务技术,甄别捕捉商业机会并形成创业项目,为社会提供产品或服务的过程。在此,选取"网上商店项目"所涉及的网店装修课程的教学来说明创业实践的过程。

(一)采用任务驱动教学法进行教学

任务驱动教学法分为四个环节进行,包括提出任务、分析任务、完成任务、交流评价。也就是引导学生循序渐进地完成一系列任务,从提出任务开始,到交流评价结束。在这个过程中,培养他们提出问题、分析问题和解决问题的能力,真正掌握专业知识和技能。

首先,让学生选择网上创业的"宝贝",以学习"Photoshop 工具中的图片修理技术"为例,将学习过程分为五个任务:一是 Photoshop 工具的使用;二是抠图"三剑客"的使用;三是修图技巧的使用;四是边框的使用;五是水印的使用。学生循序渐进地完成这五个任务,在专业知识和技能逐级提升的同时,创业兴趣和能力也逐步增强。

(二)展示学生作品

该过程既是一个展示学生作品的过程,也是一个再学习的过程,同时也是一个展示学生成就感的过程。学生通过对作品的示范性操作,进一步巩固和加深了对知识的掌握程度,也进一步增强了学生的学习动力和创业激情。在作品展示的过程中,学生之间可以取长补短,互相学习,互相启发和激励,这有利于学生更加明确作品的定位和学习目标,激励他们进一步创业。

(三)评价学生作品

对学生作品进行客观正确的评价并及时反馈,一方面可以增强学生的学习积极性,另一方面又能增强他们的创业信心。在完成每个任务的过程中,要根据设计的作品不同把学生分成不同的小组,在学生完成作品后,同一小组的同学首先要进行自评,然后同一小组的其他同学互评,最后不同小组的同学之间互评,教师做出最终评价。根据评价意见,找出存在的问题和修改办法。通过这个环节的教学,学生可以学到更多的操作技能和思路,进而全面掌握这个任务的精髓。

(四)充分利用网络教学平台进行教学

网络教学平台可以实现教学内容的电子化,教案、课件、视频、动画、图片、试题、创业素材等教学资源全部上传到网络教学平台,学生可以全天候地借助网络教学平台进行创业和自学。同时,在该平台上,还提供其他相关课程网站的链接以拓宽学生的学习空间,见图4-4。

图4-4 网络教学平台

第五节 利用信息技术进行课程整合以实现网上创业环境下的探究型教学模式

一、信息技术在教学中应用的指导思想

信息技术与课程整合是指在教学过程中把信息技术、信息资源和教学内容等进行互动性双向整合,建构起整合型的信息化课程新形态以完成教学任务。因此,要用信息技术系统地处理教学的各个方面,以建立能

满足学生需要的有机整合的系统,并且根据学生的反馈进一步改进这个系统。

二、网上创业环境下的探究型教学模式

在网上创业环境下采用探究型教学模式是任务驱动法的创造性尝试,可以实现信息技术与课程的有效整合。"问题—探究式"教学模式的核心是解决问题,围绕该核心来掌握知识以及培养学生的创造能力和创新精神。也就是说,学生在教师的指导下,以任务驱动的形式、以解决问题为核心来参与认知过程,问题被创造性地解决之时也是任务完成之时,整个认知过程实现了信息技术与课程的有效整合。

基于信息技术的课程整合——网上创业环境下的探究型教学模式,见图4-5。

从图4-5中可以看出,学生在教师的指导下,从网上商店项目、信息服务项目、业务推广项目、自主创业等项目中选取项目,围绕该项目,运用信息技术获取相关信息后,对信息进行分析和加工,最终完成创业活动。该模式着重培养学生发现问题、分析问题和解决问题的能力。一方面使学生完成了学习任务,另一方面使学生掌握了信息知识和信息技能,更重要的是培养了学生的网上创业思维、自主学习的能力和网上创业能力。另外,在教学过程中,教师要及时评价并反馈学生的网上创业问题的解决情况,以便及时促成学生知识的迁移。

该教学模式在中国教育技术协会职业教育技术专业委员会2011年年会上被评为二等奖,见图4-6。

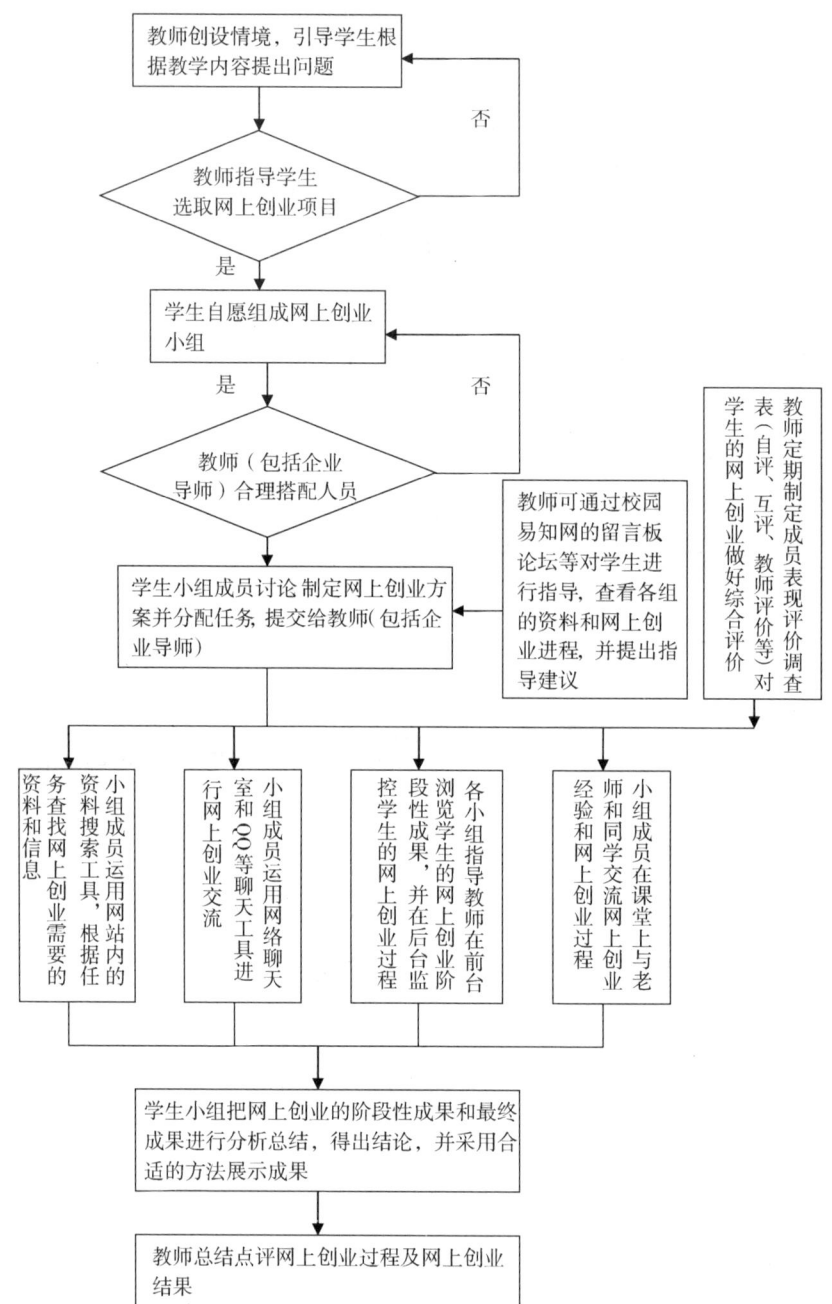

图4-5 基于信息技术的课程整合——网上创业环境下的探究型教学模式

图4-6 教学模式在中国教育技术协会职业教育技术专业委员会2011年年会上被评为二等奖

三、教学中需要注意的问题

(一)学生方面

该教学模式具有以下特点:

一是以网上创业项目和创业问题的解决为核心;

二是学生学习中主要运用信息技术;

三是教学过程中,主要以学生的探究、自主探索为主体,教师起指导和引导作用。

基于以上特点,学生在学习过程中要采取以下方法:

1. 要有问题意识和思维

在信息技术教学中,新知识来源于现实生活或其他学科,这种有实际背景的问题会加深学生对信息技术应用的理解,并进而激发学生要解决问题的积极性。所以,学生对于这种问题有强烈的兴趣,并会深入探究。

2. 团队合作,解决问题

在网上创业探究过程中,学生以小组的形式组成一个团队共同完成一个创业项目,通常4—6人组成一个小组,学生之间既分工又合作。他们利用信息技术作为学习工具,自主探索获取信息并与小组其他成员分享和交流,共同解决创业中遇到的问题并共同完成创业任务。

(二)教师方面

1. 问题情境的创建

教师要根据网上创业项目的特点创建良好的问题情境,引导学生思考以产生问题意识,并激发他们的学习动机和学习兴趣。

2. 教师的身份是引导者和指导者

该教学模式以学生的自主探索为主体,但是学生对于创业知识的把握和理解不全面、不系统,这需要教师及时地引导和指导才能顺利完成创业任务。因此,教师要以引导者和指导者的身份促进学生对知识的应用和迁移。

3. 及时评价并反馈

网上创业在课程整合时对学生的要求不再简单停留在学会知识的层面上,而是有了更高层次的要求。它要求学生要学会有效学习,要学会知识整合,也要学会如何应用知识解决实际问题等。所以,教师要及时评价并反馈学生在创业过程中的表现。比如,自主学习工具的使用、团队合作的方法和技巧、创业问题解决的途径等。通过及时评价和反馈,学生可以及时明确知识目标的定位、实践技能的应用以及解决问题的新方法等,可以为他们进一步创业和学习提供新思路和新途径。

第六节 设计"以赛促教、以赛促学、以赛促考"的考试模式以改革专业教学的考核办法

众所周知,电子商务大赛开创性地把企业的真实网络商务问题作为

比赛项目,鼓励学生网上创业和主动学习,并广泛参与到解决企业的实际问题中。所以,围绕创业项目的教学,电子商务专业以此为契机和切入点,系统地有计划地组织学生参赛,以"赛"作为主线贯穿于教学中,以"赛"作为考核方式让学生在"赛"中历练和提升,不断激发他们的学习动力和创业激情,进一步带动"产教融合"教学的进行。

根据淄博职业学院《关于以考试模式改革为切入点全面推进教育教学内涵建设的指导意见》,坚持"遵循教育教学规律利于学生提升的原则、突出高职特色贴近职业岗位的原则、全面考核全程考核的原则、以点带面系统设计的原则",结合"产教融合"教学模式的要求以及网上创业项目运作的需求,电子商务专业改革了现有专业教学的考核办法,建立了基于"以赛促教、以赛促学、以赛促考"为导向的考试模式,引导学生全员参赛,并与专业课程的考核挂钩,进而全面带动电子商务专业的课程体系、教学内容、教学模式等整个人才培养链条的内涵建设。这些比赛首先是校内的课程技能联赛,其次是校外的省级和国家级技能大赛。通过参赛,学生的专业能力和素质得到全面提升,"以赛促教、以赛促学、以赛促考"的考试模式是一套柔性的教学管理制度与程序,能够综合评价学生的职业能力及创业能力,它可以解决产教融合教学中对学生的评价与管理问题,该模式已经在2011年6月在天津由教育部主办的示范校建设四周年成果展上成功展出,详情见第五章第一节。

一、考试模式改革的整体框架

考试模式改革的整体框架是在解决两个关键问题的基础上形成的,见图4-7。

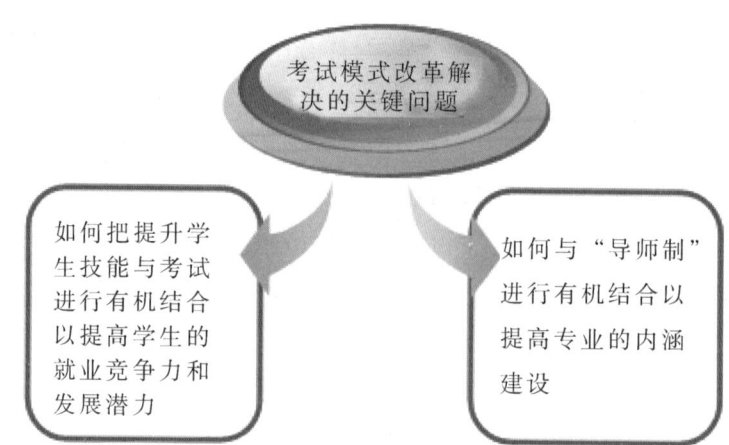

图 4-7 考试模式改革的整体框架

二、考试模式改革的特点

组织学生全员参与课程的技能联赛,在技能联赛的过程中可以同时选拔优秀学生进一步参加省级和国家级大赛,这不仅可以全面提升学生的专业能力和素质,而且可以提高学生的就业能力和就业竞争力,见图4-8。

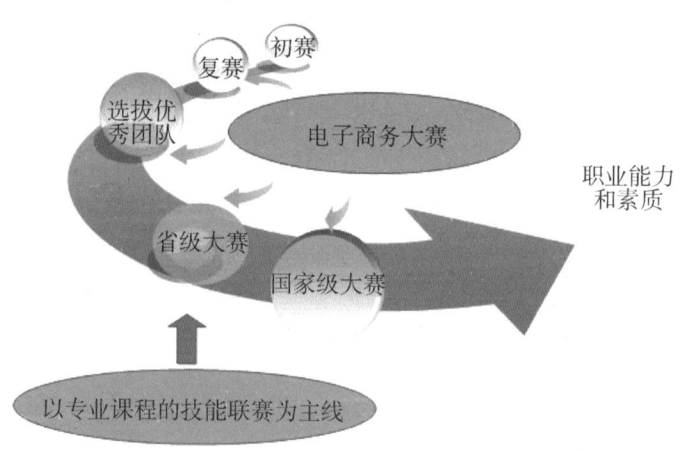

图 4-8 考试模式改革

考试模式改革具有以下特点：

一是建立长效机制,把课程的技能联赛项目化,作为常规性教学来抓好；

二是把课程的技能联赛作为普适性教育纳入人才培养体系中；

三是把校内的课程技能联赛与校外的省赛和国赛、学生、导师有机融为一体。

在课程的技能联赛过程中,用"导师制"贯穿其中来深化实践教学。每位导师根据自身专长和专业特点确定课程的联赛项目,并与课程的考核挂钩,联赛成绩占课程考核总成绩的50%以上。学生和导师进行双向选择,并实行"导师负责制",把学生的考核成绩与导师的考核挂钩,把学生成绩作为对导师的考核成绩,学生竞赛成绩作为导师成绩的一部分。导师不仅是联赛项目相关课程的教师,而且也是联赛项目的策划者和组织者。所有导师在同一体系和标准下组织自己指导的学生参加同一联赛项目。所以,学生的竞赛成绩与课程成绩挂钩,同时也与导师成绩挂钩,能够相互促进、共同进步。

三、考试模式改革的探索进程

1. 校内初赛和复赛,以2010年的比赛为例,见图4-9、图4-10、图4-11。

图4-9 校内初赛和复赛

2010年山东省电子商务大赛初赛成绩

1	蔺蓬蓬		2010-4-23	96	及格	查看
2	刘玉玲		2010-4-23	96	及格	查看
3	王夏松		2010-4-23	96	及格	查看
4	马新怡		2010-4-23	96	及格	查看
5	李旭		2010-4-23	95	及格	查看
6	胡楠楠		2010-4-23	95	及格	查看
7	王艳娜		2010-4-23	95	及格	查看
8	徐希洁		2010-4-23	95	及格	查看
9	谭丛		2010-4-23	95	及格	查看

图4-10 初赛成绩

2010年山东省电子商务大赛复赛成绩

1	王晓丽		2010-5-12	89	及格	查看
2	商翠翠		2010-5-12	86	及格	查看
3	汪楠楠		2010-5-12	86	及格	查看
4	李秀玉		2010-5-12	85	及格	查看
5	李洁		2010-5-12	84	及格	查看
6	卢秀云		2010-5-12	83	及格	查看
7	尹文		2010-5-12	83	及格	查看
8	赵春燕		2010-5-12	82	及格	查看
9	谢冬梅		2010-5-12	82	及格	查看

图4-11 复赛成绩

2. 选拔出优秀团队参加省级和国家级大赛,见图4-12、图4-13、图4-14。

图 4-12 团队成员

图 4-13 荣获山东省电子商务大赛一等奖

图 4-14 荣获全国电子商务大赛一等奖

3. 大赛成绩

从 2009 年到 2017 年,"以赛促教、以赛促学、以赛促考"的考试模式始终贯穿于教学中,强有力地推进了学生的知识技能和实践技能的提高,学生在参加的一系列大赛中多次荣获一等奖,详情见本书第五章第一节成果获奖中的学生技能大赛获奖。

四、考试模式改革探索方案实施的效果

一是进一步促进了教学内容的优化和快速更新,知识的实用性进一步增强,课程设置更加科学合理;

二是进一步促进了学生解决实际问题的综合应用能力,进一步培养和提高了学生的创业创新能力;

三是进一步改革了教师的教育理念,提高了教师的文化素养和技术水平,为进一步提高教学质量提供了保证;

四是实现了对学生全面、科学、客观的考核。

实践证明,在深化高职教育改革的今天,"赛"作为试金石就像逆境,它检验了职业教育和创业教育的价值和意义,它又作为推进器就像顺境,为职业教育和创业教育提供了自信和成就感,由此形成的以"赛"促"教、学、考"的"四位一体"的考核体系解决了产教融合教学中对学生的考核和管理问题,卓有成效。

五、考试模式改革的最终方案

经过前期的探索,最终形成了具有电子商务特色的考试模式改革方案,并将在以后各级电子商务专业的学生中实行,方案的详情如下。

(一)考核目的

1. 结合学生各学期的所学课程,开展专业课程的技能联赛,特别注重提高学生的专业实践操作水平。

2. 通过对 2009 级、2010 级学生进行试点,发现、总结并纠正活动中

出现的问题,为以后各级学生活动的进行总结经验,保证该活动的延续性和可持续发展。

3. 结合往届学生实习实训中出现的问题来开展活动,提高团队的协作能力,以及提升学生的就业竞争力。

4. 与学生的平时成绩挂钩、与评奖评优挂钩,促使学生全员参与到各项联赛活动中。

5. 与教师的年终考评挂钩,促使导师认真指导学生并取得更好的成绩。

(二)具体方案

1. 参赛对象

从2009级学生开始的各级电子商务学生。

2. 参赛原则

对于大二的学生,学生选择导师、导师选择学生,两轮选择后剩余的学生平均分配。对于大一的学生,平均分配,补足差额,下面以2009级为例来详细说明。

2009级共有四个班(P09电子商务一班39人、P09电子商务二班40人、P09电子商务三班34人、P09电子商务四班35人),学生总数为148人。电子商务教育教学部共有8名导师,指导学生的基数为18人,指导学生的总数最多超过基数5人,不设下限。

每个参赛小组自行确定小组名称和口号。小组中分别设定组长、协调员、记录员、监督员、检察员,各小组制定岗位职责,见表4-18。(除组长外其余职务各组员轮流担任)

表4-18 电子商务教育教学部技能联赛竞赛小组一览表

指导教师	小组名称	人数	口号	组长	成员

3. 联赛项目

联赛项目以网上创业的"网上商店、信息服务、业务推广、自主创业"等项目为主线,并依托课程进行设计,课程的考核成绩以联赛项目的成绩为重要参考,见表4-19。

表4-19 学生技能联赛项目

学期	分项目	典型岗位	创业项目
第一学期	汉字录入比赛	互联网贸易 客户服务	网上商店、网络客服、信息服务
	网上商店比赛		
第二学期	网页设计比赛	互联网营销 互联网贸易	业务推广、网络贸易、网站设计
	平面与动画设计比赛		
第三学期	网络商务创新比赛	互联网营销 互联网贸易	业务推广、自主创业、网络贸易
	网络营销策划比赛		
第四学期 第五学期	网上交易比赛	互联网贸易 客户服务 互联网营销	业务推广、自主创业 网络贸易、网络客服

4. 联赛形式

联赛项目要做好计划、实施、总结,由导师进行指导。根据联赛项目的特点,既可以组织全体人员参与,也可以组队参与(教学部统一安排)。

5. 联赛积分计算

为提高学生的活动积极性,积分提倡普遍性(参与活动的大部分学生获得积分,积分按名次由高到低),见表4-20和表4-21。

表4-20 个人积分表

学生姓名	×××活动积分	×××活动积分	总积分

表4-21 团队积分表

团队名称	成员	总积分

6. 奖项设置

根据学生在联赛阶段的表现,按照积分确定团队名次和个人名次,评选出优秀团队、优秀个人、单项技能奖等,并以此作为参加省级和国家级大赛选拔人员的依据。

团队名次:根据联赛累计积分确定。

个人名次:根据个人所得积分确定。

优秀个人:根据个人积分以及团队队员评价确定。

优秀团队:根据团队积分以及指导教师评价确定。

单项技能奖:根据单项联赛的最好成绩确定。

优秀导师奖:根据导师所指导学生获得的积分确定。

7. 总结阶段

各承办联赛项目的学生会对活动进行总结,各参赛小组的组长对每轮比赛参赛学生的表现进行总结,各指导老师对活动的组织和各小组的表现进行总结。

第七节　开发"产教融合"的课程标准以实现教学的可测量性

根据调研结果重构了新的课程体系,并围绕网上创业项目进行了包括课程标准、教学内容、网络实践平台等在内的开发建设。课程标准的开发建设使教学具备了可测量性,它是教师执教的依据,也是人才培养的基本保障。

一、网上创业课程标准

(一)课程信息

表4-22　网上创业课程信息

课程名称:网上创业	创业项目:网上商店、自主创业
课程类型:B类	课程属类:职业能力课
课程学分:4	参考课时:62
课程性质:必修课	
适用专业(层次):电子商务专业(普专)	
先修课程:电子商务实务	
后续课程:网店营销、网店客服、网店物流等	
职业资格:无	

(二)课程简介

网上创业课程是为了培养学生的网上开店能力而开设的一门实践性很强的课程,从开店准备、创建、装修、客服、物流等各个环节进行知识的讲解,力求让学生掌握整个开店的流程并结合其他创业项目和课程顺利开店。

(三)课程性质与定位

1. 课程性质

该课程为电子商务专业的必修课。

2. 课程定位

该课程是电子商务专业的职业能力课。课程从实战的角度详细介绍网上开店的创业过程中的各个环节和具体操作方法。该课程的主要任务是通过以学生实操为主、教师讲授为辅的教学来逐步提高学生的网店运营能力,从而实现学生网上创业的目的。

(四)课程设计思路

1. 课程设计依据

人才培养方案要求所培养的学生要具有"网上创业方面的知识和经

验"。所以,该课程以教学的实用性和职业性为核心来重点培养学生的创业技能与主动学习的能力。

2. 课程设计的方法和思路

(1) 根据企业调研和行业需求分析,确定网上创业课程在人才培养方案中的作用和地位。

(2) 通过课程分析,确定网上创业课程在大学生网络创业课程群中的作用和地位。该课程是"网上创业"项目的核心课程之一,对其他课程既起到敲门砖的作用,又起到贯穿引线的作用。

(3) 确定网上创业课程的课程标准、教学内容、教学计划等。

图 4-15　网上创业课程设计思路

(五) 课程培养目标

1. 总体目标

课程的总体目标是让学生在了解网络交易的基础上,全面提升其操作技能。旨在培养学生的动手能力和创新意识,激发学生自主创业的兴趣,让学生体验到"低投入、高回报"的快感。

通过本课程的学习,学生能够具备以下能力:

(1) 系统地掌握网上开店的流程;

(2) 掌握开店前的准备、店铺的装修、店铺的营销、店铺物流环节的处理、客户服务以及店铺数据的安全备份和纠纷处理等知识;

(3) 能独立开店或者独立为企业网店提供一步到位的服务。

2. 知识目标

(1) 理解网上创业的基本思想;

(2) 掌握网上零售的基础知识;

(3) 掌握网上购物的基本流程;

(4) 掌握网上开店及管理的相关知识;

(5)掌握网店装修、网店营销、网店物流、网店客户服务的相关知识。

3. 能力目标

(1)实际体验网上购物的流程;

(2)具有注册、开店及店铺管理的能力;

(3)具有网店装修美化的能力;

(4)具有网络营销的能力;

(5)具有网店物流运费设置、包装、配送以及退换货处理的能力;

(6)具有客户关系管理的能力以及解决交易纠纷的能力。

(六)课程内容和要求

表4-23 网上创业课程内容和要求

序号	单元名称	教学内容与要求	单元学时	实践考核项目与要求	实践学时
项目一	开店准备	1. 进行开网店前的调研与定位; 2. 网店运营需要的软、硬件准备	4	网店开设的调研报告	4
项目二	注册并创建网上店铺	1. 网店平台注册; 2. 开通第三方支付平台并使用	4	申请开通网店	4
项目三	网店商品上传	1. 学会商品拍照; 2. 掌握商品上传的步骤	10	商品拍照并上传	10
项目四	网店装修与美化	1. 掌握店铺的基本设置(店标、分类、友情链接等); 2. 美化店铺和商品	6	网店基本设置的完成,店铺基本美化的完成	6
项目五	网店的推广与服务	1. 掌握网店推广的方法; 2. 网店售前、售中、售后服务的定制	8	进行网店推广并能进行推广效果的数据分析	8
项目六	网上创业综合实操	综合实操	30	对商品进行完整的描述、上传、推广等操作	30
	合计		62		62

（七）教师任职要求

表 4-24　网上创业课程教师任职要求

专任教师	兼职教师	教学能力要求
专业能力要求	专业能力要求	
1. 网店开设整个流程的掌握； 2. 能够帮助学生完成店铺商品的选择和甄别； 3. 对学生的整个开店过程进行指导	1. 网店开设整个流程的掌握； 2. 能够帮助学生完成店铺商品的选择和甄别； 3. 对学生的整个开店过程进行指导； 4. 至少具有两年的开网店的经验	能够系统全面地讲授网上创业的基本知识和实践操作，培养学生的网上创业能力

（八）教学条件与设施要求

1. 教学硬件要求：互联网和电脑，建议配备拍摄设备等。

2. 教学资源要求

（1）数字化教学平台的开通使用：利用学院网络教学数字平台建设网络课程，给学生提供更多的学习资源和学习机会。该课程需要充分利用网络教学平台，把所有的教学资源（PPT、电子教案、试题等）上传，并开通答疑讨论区、QQ、微信等进行学习交流。

（2）淘宝网等平台的使用以及部分成功案例的账号的使用等。

二、网店装修课程标准

（一）课程信息

表 4-25　网店装修课程信息

课程名称：网店装修	创业项目：网上商店、自主创业
课程类型：B 类	课程属类：职业能力课
课程学分：3	参考课时：48
课程性质：必修课	
适用专业（层次）：电子商务专业（普专）	

续表

| 先修课程:网上创业、电子商务实务 |
| 后续课程:网店营销、网店物流、网店客服等 |
| 职业资格:无 |

(二)课程简介

网店装修是电子商务专业的一门介绍网上创业中的网店美工基本知识的应用型课程,从网店装修入门、图片拍摄技术、图片处理技术、促销广告设计等网店装修必备的知识进行讲解,力求让学生掌握整个开店装修的流程并结合其他项目和课程顺利开店,培养学生的网上创业能力。

(三)课程性质与定位

1. 课程性质

网店装修课程是电子商务专业的必修课程。本课程的主要任务是通过项目实践逐步提高学生的网店运营能力,从而实现网上创业的目的。

2. 课程地位

(1)课程设置的作用

该课程是电子商务专业的职业能力课,其符合电子商务专业人才培养方案的要求,能够满足学生理论知识和专业技能学习的要求。先修课程有网上创业,后续课程有网店客服、网店营销、网店物流等。

(2)与其他专业课程之间的关系

该课程作为电子商务专业的重要课程之一,它与网上创业、网店客服、网店营销等课程有紧密的联系。在开设本课程前,应当学习过电子商务实务、网上创业等课程。另外,学习过有关的实务性较强的课程,对于学习本课程也会有很大的帮助。

(3)课程设置的目的

通过系统讲授网店装修的知识,完善学生的电子商务网上创业的知识体系,培养和提高学生的网店装修能力。

(四)课程设计思路

课程内容完全按照网店装修的操作流程进行安排,采用情境教学、理实一体的授课方法,通过笔试、操作等考试方法,全面考核学生网店装修的能力,以网店装修效果作为质量考核标准。

1. 课程设计依据

根据人才培养方案的要求,以教学的实用性和职业性为核心来重点培养学生的创业技能与主动学习的能力。

2. 设计方法和思路

(1)根据企业调研和行业需求分析,确定网店装修课程在人才培养方案中的作用和地位。

(2)通过课程分析,确定网店装修课程在大学生网络创业课程群中的作用和地位。该课程是"网上创业"项目的核心课程之一,是网店客服、网店营销、网店物流等课程的基础。

(3)确定网店装修课程的课程标准、教学内容、教学计划等。

(五)课程培养目标

1. 知识目标

(1)理解并掌握计算机图像处理的基本方法及图像的基本概念;

(2)能够熟练使用图像处理软件 Photoshop 创建和存储文件;

(3)熟练使用其他工具箱中的工具进行简单的图像绘制和图像的效果修饰;

(4)掌握数码相机的使用技巧;

(5)学会店铺 LOGO 的设计;

(6)学会促销广告的设计。

2. 能力目标

(1)熟练运用 Photoshop 制作效果图,并能在实际工作中得到应用;

(2)培养学生搜集资料、阅读资料和利用资料的能力;

(3)培养学生的自学能力。

(六)课程内容和要求

表4-26 网店装修课程内容和要求

序号	单元名称	教学内容与要求	单元学时	实践考核项目与要求	实践学时
1	网店装修入门	任务一 装修店铺 任务二 色彩搭配 任务三 图像文字应用	2	熟悉网店装修的基本内容	2
2	图片拍摄技术	任务一 网拍相机的使用 任务二 环境与布光 任务三 不同材质的拍摄方式 任务四 商品摆放技巧	4	熟练掌握数码相机的使用	4
3	图片处理技术	任务一 Photoshop工具的使用 任务二 抠图"三剑客" 任务三 修图技巧 任务四 边框、水印的使用	10	能够熟练掌握Photoshop工具	10
4	促销广告设计	任务一 设计标准 任务二 设计方法	4	能够完成促销广告的设计	4
5	店铺细节设计	任务一 店铺LOGO设计 任务二 旺旺头像设计	4	能够设计完整的店铺LOGO	4
合计			24		24

(七)教师任职要求

表4-27 网店装修课程教师任职要求

专业能力要求		教学能力要求
专任教师	兼职教师	
能够全面准确把握网上创业中网店装修的发展趋势,在理论教学上,要系统全面地讲授网店装修的理论及其应用;在技能教学上,熟悉Photoshop、美图秀秀等软件,能有效地把该软件的用法教给学生并指导学生使用	能够全面准确把握网上创业中网店装修的发展趋势,在理论教学上,要系统全面地讲授网店装修的理论及其应用;在技能教学上,熟悉Photoshop、美图秀秀等软件,能有效地把该软件的用法教给学生并指导学生使用	能够系统全面地讲授网店装修的基本知识和实践,并准确把握网上创业中网店美工的发展趋势

（八）教学条件与设施要求

1. 教学硬件要求

本课程的教学需要多媒体教室、实训室、网络和校外实训基地等。理论知识的讲授全部采用多媒体教学,实践教学需要实训室、网络和校外实训基地等。同时,需要充分利用网络与学生交流,指导学生在网站上查找资料和分析问题。

2. 教学资源要求

（1）利用学院网络教学数字平台建设网络课程,给学生提供更多的学习资源和学习机会。该课程需要充分利用网络教学平台,把所有的教学资源(PPT、电子教案、试题等)上传,并开通答疑讨论区、QQ、微信等进行学习交流。

（2）结合企业的实际电子商务活动,需要依托实训室或校外实习基地进行电子商务教学活动。

三、网店营销课程标准

（一）课程基本信息

表4-28　网店营销课程基本信息

课程名称:网店营销	创业项目:网上商店、自主创业
课程类型:B类	课程属类:职业能力课
课程学分:4	参考课时:64
课程性质:必修课	
适用专业(层次):电子商务(普专)	
先修课程:电子商务实务、网上创业、网店装修等	
后续课程:网店物流、电子商务案例分析、网络营销等	
职业资格:无	

(二)课程简介

网店营销课程是一门以淘宝、京东、一号店为平台,以实战营销为重点,实操和管理技能并重的课程。内容主要包括:网店营销定位、网店和产品营销策划及网店建设、网店推广(包括SEO、搜索引擎营销、网站整合营销推广)、网络客服和销售、网店运营管理。

(三)课程性质与定位

1. 课程性质

网店营销是电子商务专业的必修课,也是电子商务专业的职业能力课。该课程向学生完整介绍网店营销的知识体系与实践技能,使学生系统掌握网店营销的基本工具和方法,从而在实践中有效地帮助企业进行网上经营活动,提高企业的网络经营管理水平。

2. 课程定位

网店营销定位于在培养学生掌握课程的基本知识的基础上,能够掌握网店营销的实践技能以帮助企业进行网络市场推广、网络市场调研以及进行网络营销渠道的建立和维护等。同时,培养学生具有网络商务的创新与创业能力。

(四)课程设计思路

1. 根据企业调研和行业需求分析,确定网店营销课程在人才培养方案中的作用和地位。

2. 通过课程分析,确定网店营销课程在大学生网络创业课程群中的作用和地位。该课程是"网上创业"项目的核心课程之一,是网店客服、网店物流课程的基础。

3. 确定网店营销课程的课程标准、教学内容、教学计划等。

(五)课程培养目标

1. 知识目标

(1)培养学生具有对网络营销的概念、特点、层次、作用等的认识和理解能力;

(2)培养学生具有在网络市场上能够利用网络工具(搜索引擎、E-mail、网络社区、商务平台、SNS 等)进行网络推广的能力;

(3)培养学生具有网络市场调研、网络市场预测、网络营销方案的设计与实施的能力;

(4)培养学生具有在网络 C 店、B 店的营销推广能力以及创业能力;

(5)培养学生具有网络营销渠道的开发、维护和管理能力,以及网络整合营销的运用和实践能力。

2. 能力目标

(1)培养学生具有对网络营销理论、网络营销工具、网络营销案例、网络营销趋势把握的自学能力;

(2)培养学生具有对网络市场的了解、观察和分析能力,能够具有发现网络市场的商机以进行网络营销策划的能力;

(3)培养学生具有理解商业环境的能力。

(六)课程内容和要求

表 4-29　网店营销课程内容和要求

序号	教学项目名称	教学内容与要求	单元学时	实践考核项目与要求	实践学时
1	网店营销概述	1. 理解网店营销的特点,明确网店营销与传统店铺营销的区别,为开展网店营销做好准备; 2. 跟踪合作企业的网店营销发展现状,熟悉合作企业网店营销工具的运用情况	16	1. 以淘宝的成长为例说明前瞻性的把控是网络营销的一项主要能力; 2. 判断企业网店营销工具的选择是否正确	8
2	如何做好基本的店铺营销	1. 理解选择店铺名与会员名的重要性; 2. 做好宝贝标题的设置; 3. 做好网店宝贝的描述; 4. 做好网店宝贝的定价; 5. 做好网店物流的选择; 6. 做好网店宝贝的上架与推荐	16	1. 根据客户需求进行宝贝描述; 2. 宝贝上下架的选择	8

续表

序号	教学项目名称	教学内容与要求	单元学时	实践考核项目与要求	实践学时
3	如何做好店铺装修	1. 掌握网店装修的含义； 2. 网店装修的作用； 3. 网店装修的流程； 4. 网店装修的要素； 5. 优秀网店装修分析	16	1. 根据不同产品装修店铺； 2. 根据不同产品来判断店铺的装修效果	8
4	店铺宝贝的推广	1. 站内推广 (1)常规促销活动 (2)直通车 (3)友情链接 (4)淘宝社区推广 (5)收藏推广 (6)淘友推荐 2. 站外推广 (1)淘客推广 (2)博客与微博推广	16	1. 根据产品来推广店铺； 2. 根据不同产品来判断店铺的推广效果	8
	合计		64		32

（七）教师任职要求

表4-30 网店营销课程教师任职要求

专任教师	兼职教师	教学能力要求
专业能力要求	专业能力要求	
1. 网店营销整个流程的掌握； 2. 能够帮助学生掌握网店营销的工具和方法； 3. 对学生的网店营销过程进行指导	1. 网店营销整个流程的掌握； 2. 能够帮助学生掌握网店营销的工具和方法； 3. 对学生的网店营销过程进行指导； 4. 具有至少两年的网店营销经验	具有指导学生处理未知问题的能力

（八）教学条件与设施要求

1. 教学硬件要求

本课程的教学需要多媒体教室、实训室、网络和校外实训基地等。理论知识的讲授全部采用多媒体教学,实践教学需要实训室、网络和校外实训基地等,可以让学生更为直观地了解企业经营、企业岗位及岗位职责等内容。同时,需要充分利用网络与学生交流,指导学生在网站上查找资料和分析问题。

2. 教学资源要求

利用学院网络教学数字平台建设网络课程,给学生提供更多的学习资源和学习机会。该课程需要充分利用网络教学平台,把所有的教学资源(PPT、电子教案、试题等)上传,并开通答疑讨论区、QQ、微信等进行学习交流。

四、网店客服课程标准

(一)课程信息

表4-31 网店客服课程信息

课程名称:网店客服	创业项目:网上商店、网络客服、信息服务等
课程类型:B类	课程属类:职业能力课
课程学分:3	参考课时:48
课程性质:必修课	
适用专业(层次):电子商务专业(普专)	
先修课程:网上创业、网店装修、网店营销等	
后续课程:网店物流、电子商务案例分析等	
职业资格:无	

(二)课程简介

网店客服是电子商务专业的一门介绍网上创业中的网店客服基本知识的应用型课程,本课程从实践方面对网店客服的相关知识进行全面和系统的介绍。包括:售前的知识储备、流程培训和准备工作、客户接待与沟通、有效订单的处理、交易纠纷的处理、客户关系管理工具等网店客服必备的知识。

（三）课程性质与定位

1. 课程性质

该课程是电子商务专业的职业能力课、专业必修课。通过学习，学生能够掌握网店客服的基本知识，能够具备利用客户接待、客户信息管理、客户沟通、有效订单处理、交易纠纷处理、客户体验等知识进行网店客服的能力，从而具备从事电子商务的职业能力。

2. 课程定位

（1）课程设置的作用

该课程是电子商务专业的职业能力课程之一，是一门介绍网店客服基本知识的应用型课程。本课程符合电子商务专业人才培养方案的要求，能够满足学生理论知识和专业技能学习的要求。先修课程包括：网上创业、网店装修、网店营销等，后续课程网店物流。

（2）与其他专业课程之间的关系

该课程作为电子商务专业的重要课程之一，与网上创业、网店装修、网店营销等专业课程有紧密的联系。在开设本课程前，应当学习过电子商务实务、网上创业、网店装修、网店营销等课程。另外，学习过有关的实务性较强的课程，对于学习本课程也会有很大的帮助。

（3）课程设置的目的

①通过系统讲授网店客服的基本知识，完善学生的电子商务管理的知识体系；

②开阔学生的学习视野；

③培养和提高学生的网店客服能力。

（4）预期达到的教学效果

通过学习该课程，学生可以系统地掌握网店客服"岗位群"所需要的基本知识和能力，并加以应用，从而使学生具备从事电子商务的职业能力。

（四）课程设计思路

课程内容完全按照网店客服的操作流程进行安排，采用情境教学、理实一体的授课方法,通过笔试、操作等考试方法,全面考核学生的网店客服能力,以网店客服效果作为质量考核标准。

1. 课程设计依据

人才培养方案要求所培养的学生要具有"网上创业方面的知识和经验"。所以,该课程以教学的实用性和职业性为核心来重点培养学生的创业技能与主动学习的能力。

(1)使用互联网、软件、实训室以及多媒体教学系统。

(2)加强实践性教学。该课程是一门涉及面比较广、难度较大的学科,利用实践操作进行教学以帮助学生理解理论知识。

(3)推广案例性教学。

2. 设计思路

(1)教学模式

改变以往纯理论的教学方式,加强实践性教学方式的使用。突出专业课程的职业性、实践性和开放性。加强学以致用,以"用"促学,边"用"边学。

(2)教学内容的开发

根据人才培养方案的要求,课程内容的开发以"基于工作过程"和"基于岗位群"为基础,使得学生掌握网店客服的基本理论和电子商务发展的最新动态。密切联系实际,通过分析和研究案例,加深对网店客服专业知识的理解和掌握,能够把对网店客服管理的基本原理的学习融入对实践的研究和认识中,以提高操作能力和实践能力。

该课程从七个项目进行教学,以对网站客服有一个整体的认识,包括:新员工入职培训、售前的知识储备、流程培训和准备工作、客户接待与沟通、有效订单的处理、交易纠纷的处理、客户关系管理工具。

(3)教学手段与方法

课程教学以项目教学为手段实施,充分运用互联网、QQ群、教学资源库、网络教学平台等多种教学手段进行教学,重点利用软件和实训室进行。

（五）课程培养目标

1. 总体目标

（1）系统全面地理解网店客服的基本知识和基本原理；

（2）掌握网店客服的基本流程、售前的知识储备、流程培训和准备工作、客户接待与沟通、有效订单的处理、交易纠纷的处理、客户关系管理工具等基本知识；

（3）提高分析问题、创造性解决问题的能力；

（4）具有运用所学知识和原理进行客户关系管理的能力。

2. 具体目标

（1）知识目标

①能够熟练掌握网店客服的基本知识；

②能够熟练掌握客服流程和客服准备工作的知识；

③能够熟练掌握客户接待的知识；

④能够熟练掌握客户沟通的知识；

⑤能够熟练掌握有效订单处理的知识；

⑥能够熟练掌握交易纠纷处理的知识。

（2）能力目标

①能够具有较强的网店客服的运作能力；

②能够具有较强的计算机和外语应用能力；

③能够具有善于总结与应用实践经验的能力；

④能够具有较强的语言和书面表达能力；

⑤能够具有较强的人际交往和协商沟通能力；

⑥能够具有较强的团队合作能力；

⑦能够具有较强的电子商务职业道德和规范、安全和质量意识；

⑧能够具有较强的独立学习和决策能力。

(六)课程内容和要求

表4-32 网店客服课程内容和要求

序号	教学项目名称	教学内容与要求	单元学时	实践考核项目与要求	实践学时
1	新员工入职培训	1. 了解网店客服的心态和企业文化 2. 掌握客服的职业价值观 3. 掌握成为优秀员工必备的素质 4. 掌握成为优秀员工必备的能力	2	熟练掌握网店客服软件的安装方法和步骤	1
2	售前的知识储备	1. 了解品牌价值的内涵 2. 掌握如何利用品牌价值进行网店客服 3. 了解产品知识培训的目的 4. 掌握产品培训的方法 5. 了解促销活动的流程 6. 掌握促销的方法	4	熟练利用品牌价值进行网店客服,熟练进行促销活动	2
3	流程培训和准备工作	1. 了解服务流程培训的目的 2. 掌握网店客服的流程 3. 掌握网店客服的工作流程 4. 掌握网店客服的准备工作	4	熟练进行客服服务	2
4	客户接待与沟通	1. 掌握沟通技巧 2. 掌握接待技巧 3. 掌握推荐产品的方法 4. 掌握促成交易的方法	12	熟练利用沟通技巧和接待技巧和客户沟通,并促成交易	6
5	有效订单的处理	1. 掌握确认订单的步骤 2. 掌握下单发货的流程	8	熟练确认订单并下单发货	4
6	交易纠纷的处理	掌握纠纷交易处理的方法	8	熟练合理处理纠纷交易	4
7	客户关系管理工具	1. 掌握客户关系管理的常用工具 2. 掌握客户数据的收集方法 3. 掌握客户等级的设置和分组 4. 掌握客户营销的方法	10	熟练使用客户管理的常用工具对客户的数据进行收集、设置客户的等级、对客户进行营销	5
	合计		48		24

七、教师任职要求

表4-33　网店客服课程教师任职要求

专业能力要求		教学能力要求
专任教师	兼职教师	
能够全面准确把握网上创业中网店客服的发展趋势,在理论教学上,要系统全面地讲授网店客服的理论及其应用;在技能教学上,要熟练使用教学软件、熟练进行网店客服实战以指导学生的理论和实践学习	能够全面准确把握网上创业中网店客服的发展趋势,将电子商务中的物流、资金流、信息流、商流有机结合。要熟练使用教学软件、熟练进行网店客服实战以指导学生的理论和实践学习	能够系统全面地讲授网店客服的基本知识和实践,并准确把握网上创业中网店客服的发展趋势

(八)教学条件与设施要求

1. 教学硬件要求

本课程的教学需要多媒体教室、实训室、网络和校外实训基地等。理论知识的讲授全部采用多媒体教学。实践教学需要实训室、网络和校外实训基地等。同时,需要充分利用网络与学生交流,指导学生在网站上查找资料和分析问题。

2. 教学资源要求

利用学院网络教学数字平台建设网络课程,给学生提供更多的学习资源和学习机会。该课程需要充分利用网络教学平台,把所有的教学资源(PPT、电子教案、试题等)上传,并开通答疑讨论区、QQ、微信等进行学习交流。

五、网店物流课程标准

(一)课程基本信息

表4-34 网店物流课程信息

课程名称:网店物流	创业项目:网上商店、自主创业
课程类型:C类	课程属类:职业能力课
课程学分:2	参考课时:32
课程性质:必修课	
适用专业(层次):电子商务专业(普专)	
先修课程:网店装修、网上创业、网店营销等	
后续课程:网页设计与制作、Flash、网站建设与维护、Photoshop等	
职业资格:无	

(二)课程简介

网店物流是电子商务专业的必修课,主要讲授网上采购、网店商品的物流包装、网店物流配送、网店仓储管理与库存控制等内容。通过学习,学生能够具有在网上商店中从事物流工作所必需的知识和技能。

(三)课程性质与定位

1. 课程性质

网店物流是电子商务专业的一门职业能力课。通过本课程的教学,要求学生熟练系统地掌握网店物流的基础知识,以及掌握网店物流经营的方法和技能。本课程的主要任务是通过项目实践来逐步提高学生的网店物流运营能力,以实现网上创业的目的。

2. 课程定位

网店物流是电子商务专业的职业能力课,是校企合作开发的基于工作过程的课程。

(四)课程设计思路

1. 课程设计依据

通过学习,学生能够掌握物流软件的使用并进行网店物流服务,为大学生创业打下基础。

2. 设计思路

以网上店铺的物流运营作为网店物流课程的主要内容,按照项目导向、任务驱动的思路来重构课程的内容体系,通过学生个人或者分组的形式组织教学以提升学生的创业技能。

(五)课程培养目标

1. 知识目标

(1)掌握电子商务与现代物流的基本知识;

(2)掌握网上采购的知识;

(3)掌握网店商品的包装方法和技术;

(4)掌握网店物流模式的选择原理;

(5)掌握网店仓储管理与库存控制的知识。

2. 能力目标

(1)能够独立为网店提供物流服务;

(2)能够以团队的形式开展网店物流的市场调研;

(3)能够独立进行网店物流的运营。

(六)课程内容和要求

表4-35 网店物流课程内容和要求

序号	单元名称	教学内容与要求	单元学时	实践考核项目与要求	实践学时
1	网店物流认知	1. 掌握网店物流的基本知识 2. 理解物流与电子商务的关系 3. 能够正确选择网店物流的服务模式	4	正确选择网店物流的服务模式	4

续表

序号	单元名称	教学内容与要求	单元学时	实践考核项目与要求	实践学时
2	网上采购	1. 理解网上采购的特点 2. 理解网上采购的一般模式 3. 学会利用相关软件平台进行网上采购操作	4	熟练进行网上采购	4
3	网店商品的物流包装	1. 熟悉基本的包装材料 2. 掌握基本的包装技巧 3. 能够熟练地包装不同种类的商品 4. 能够利用身边容易找到的包装材料进行合理包装	6	实现物流包装的合理化	6
4	网店物流配送	1. 熟悉邮局发货 2. 熟练掌握快递发货 3. 熟悉货运发货 4. 了解网店物流的工作流程 5. 掌握推荐物流的操作方法 6. 掌握运费模板的设置	6	实现网店物流配送的合理化	6
5	网店仓储管理与库存控制	1. 理解常见仓储设备与作业技术 2. 学会设计网店仓储系统 3. 熟悉网店仓储作业基本流程 4. 能够利用网店仓储系统进行作业管理 5. 掌握网店库存的控制方法	6	实现网店仓储的合理化	6
6	网店物流方案的设计与执行	1. 掌握网上采购的流程 2. 掌握网店商品的物流包装 3. 掌握网店物流配送方式的选择 4. 掌握网店物流的仓储管理 5. 掌握网店物流的库存管理	6	整体设计网店物流方案	6
	合计		32		32

（七）教师任职要求

表4-36　网店物流课程教师任职要求

专任教师	兼职教师	教学能力要求
专业能力要求	专业能力要求	
具有熟练的网店物流的实践操作能力，并具有较好的将技术操作转化为教学的能力	具有熟练的网店物流的实践操作能力，并具有较好的将技术操作转化为教学的能力	能够系统全面地讲授网店物流的基本知识和实践，并准确把握网上创业中网店物流的发展趋势

（八）教学条件与设施要求

1. 教学硬件要求

本课程的教学需要多媒体教室、实训室、网络和校外实训基地等。理论知识的讲授全部采用多媒体教学，实践教学需要实训室、网络和校外实训基地等。同时，需要充分利用网络与学生交流，指导学生在网站上查找资料和分析问题。

2. 教学资源要求

利用学院网络教学数字平台建设网络课程，给学生提供更多的学习资源和学习机会。该课程需要充分利用网络教学平台，把所有的教学资源（PPT、电子教案、试题等）上传，并开通答疑讨论区、QQ、微信等进行学习交流。

六、网页设计与制作课程标准

（一）课程信息

表4-37　网页设计与制作课程信息

课程名称：网页设计与制作	创业项目：网站设计、网上商店、业务推广等
课程类型：B类	课程属类：职业能力课
课程学分：4	参考课时：92
课程性质：必修课	

续表

适用专业(层次):电子商务(普专)
先修课程:计算机文化基础、Photoshop、Flash 等
后续课程:网站建设与维护、网站建设实操
职业资格:无

(二)课程简介

网页设计与制作课程是电子商务专业的一门专业必修课程,也是一门实践性很强的课程。该课程从 Dreamweaver、布局技术、样式、表单等方面进行讲解,力求让学生掌握网页设计与制作的基本技术和技巧,为后续网站建设与维护、网站设计实操等课程的学习打下坚实的基础。

(三)课程性质与定位

1. 课程性质

电子商务专业的必修课程。

2. 课程定位

网页设计与制作课程是电子商务专业的职业能力课。该课程从应用的角度详细介绍网页设计与制作的技术和方法。课程的主要任务是通过以学生动手操作为主、教师讲授为辅的教学过程逐步提高学生的网页设计与制作能力,为培养高素质的技能型电子商务人才提供保障。

(四)课程设计思路

1. 课程设计依据

根据人才培养方案的要求,以教学的实用性和职业性为核心来重点培养学生的创业技能与主动学习的能力。

2. 具体设计思路

(1)根据企业调研和行业需求分析,确定网页设计与制作课程在人才培养方案中的作用和地位。

(2)通过课程分析,确定网页设计与制作课程在大学生网络创业课程群中的作用和地位。该课程是"网上创业"项目的核心课程之一,是网站建设与维护、网站建设实操课程的基础。

(3) 确定网页设计与制作课程的课程标准、教学内容、教学计划等。

(五) 课程培养目标

表4-38 网页设计与制作课程培养目标

编号	课程的能力目标	课程的知识目标
1	具有手工编写HTML代码的能力	掌握URL地址与域名的概念、网页与网站的概念、静态网站与动态网站的概念、网站分类、HTML语言的结构、格式、标记及相关属性
2	具有规划、建立站点与管理站点的能力	掌握需求分析的概念与内容、网站结构知识、网站的开发流程、网页设计的基本原则、网页版面的布局要求、文件与文件夹的命名规则、Dreamweaver工具的工作界面的概念、"文件"面板的使用方法、站点的创建方法、站点的管理方法
3	具有编辑文本与编辑图像的能力	掌握文本与图像的属性及其设置、图像与文本混合编排的概念与方法、在表格中输入文字并定位的方法、在表格中插入图像并定位的方法
4	具有创建网页超级链接的能力	掌握超级链接的类型和属性
5	具有利用表格进行页面布局的能力	掌握页面布局的概念与要求、表格的概念、表格的属性、表格的合并与拆分
6	具有使用框架布局网页的能力	掌握框架的概念与属性、框架集的概念和属性、框架与框架集的区分、框架链接、浮动框架
7	具有使用CSS样式美化页面的能力	掌握CSS样式表的概念、CSS样式表的基本语法、CSS选择器的类型
8	具有使用CSS+DIV进行页面布局的能力	掌握层的概念与属性设置、层的定位、层的操作、样式的套用
9	具有制作交互页面的能力	掌握表单与表单对象的属性及其设置
10	具有使用行为创建页面的能力	掌握行为与事件的概念、行为的基本操作、标准动作
11	具有使用多媒体对象的能力	掌握Flash动画等对象的概念
12	具有测试与发布网站的能力	掌握网站测试的方法、域名的申请方法、网站发布的方法、网站的维护与更新方法

(六)课程内容和要求

表 4-39　网页设计与制作课程内容和要求

序号	项目(任务、教学情境)名称	单元名称或活动内容	学时	备注
1	项目一:简单网站的设计与制作	网页设计基本知识	2	编写一个简单的网页
2		熟悉DW工作界面、创建和管理本地站点	2	配置IIS
3		网页的基本操作	2	使用文本与图像制作一个网页
4		超链接	2	使用超链接和锚记制作一个网站
5	项目二:使用布局技术进行网站的设计与制作	表格	2	使用表格做出一个网页头部
6		练习:使用表格布局网页	2	使用表格做出一个网页
7		框架	2	写出框架的语法结构
8		练习:使用框架布局网页	2	使用框架制作一个网页
9	项目三:综合网站的设计与制作	CSS样式	2	使用CSS样式的语法结构美化网页
10		DIV	2	使用DIV技术制作网页
11		CSS+DIV实例	2	使用CSS、DIV技术制作一个网页
12		表单	2	使用表单技术制作一个网页
13		行为	2	使用行为技术制作一个网页
14		动画和多媒体	2	
15		测试与发布网站	2	测试和发布一个网站
16		设计并制作一个网页	2	设计并制作一个网页

续表

序号	项目(任务、教学情境)名称	单元名称或活动内容	学时	备注
17	项目四:综合网站的设计与制作实操	设计并制作一个网站(1)	30	
18		设计并制作一个网站(2)	30	
	合计		92	

(七)教师任职要求

表 4-40　网页设计与制作课程教师任职要求

专业能力要求		教学能力要求
专任教师	兼职教师	
1. 具有网页设计与制作课程所要求的扎实的理论基础和实操能力; 2. 具有在企业一线实践锻炼的经验和经历; 3. 具有丰富的教学和科研能力以及指导学生创业的能力	1. 要求有3年以上工作经验、参加过一个以上整体网站的网页设计与制作或者有自己的作品; 2. 跟踪并熟悉相关的前沿技术和知识	能够系统全面地讲授网页设计与制作的基本知识,具有实践操作的技能,并准确把握网页设计与制作技术的发展趋势

(八)教学条件与设施要求

具有实训室和多媒体教室以满足教学需要,同时具有可整体接纳学生的实习公司(基地)3个。

七、电子商务与现代物流课程标准

(一)课程信息

表 4-41　电子商务与现代物流课程信息

课程名称:电子商务与现代物流	创业项目:网络贸易、自主创业、网上商店等
课程类型:B类	课程属类:职业能力课

续表

课程学分:4	参考课时:60
课程性质:必修课	
适用专业(层次):电子商务专业(普专)	
先修课程:网上创业、电子商务实务、网络营销等	
后续课程:客户关系管理实务、电子商务案例分析等	
职业资格:无	

(二)课程简介

电子商务与现代物流是电子商务专业的一门介绍电子商务与现代物流基本知识的应用型课程。本课程从实践方面对电子商务与现代物流的相关知识进行全面和系统的介绍。包括：物流认知、电子商务物流系统、电子商务物流模式、电子商务物流客户管理。

(三)课程性质与定位

1. 课程性质

该课程是电子商务专业的职业能力课,也是专业必修课。通过学习,学生能够掌握物流的演进与发展、电子商务与现代物流的关系、供应链和供应链管理、物流配送中心的运作与管理、现代物流技术及其应用等基本知识以进行电子商务物流业务,从而使学生具备从事电子商务物流工作的职业能力。

2. 课程定位

(1)课程设置的作用

该课程是电子商务专业的职业能力课,它符合电子商务专业人才培养方案的要求,能够满足学生理论知识和专业技能的学习要求。先修课程包括:网上创业、电子商务实务、网络营销等。后续课程包括:客户关系管理实务、电子商务案例分析等。

(2)与其他专业课程之间的关系

通过学习,学生能够掌握电子商务物流的流程和实践操作。该课程与网上创业、网店装修、网店营销等课程有紧密的联系。在开设本课程前,应当学习过电子商务实务、网上创业、网店装修、网店营销等课程。另外,学习过有关的实务性较强的课程,对于学习本课程也会有很大的帮助。

(3)课程设置的目的

①通过系统讲授电子商务与现代物流的基本知识,完善学生的电子商务与现代物流管理的知识体系;

②开阔学生的学习视野;

③培养和提高学生电子商务物流的运作能力。

(4)预期达到的教学效果

通过学习该课程,学生可以系统地掌握电子商务与现代物流"岗位群"所需要的基本知识和能力,并加以应用,从而使学生具有从事电子商务物流工作的职业能力。

(四)课程设计思路

1. 课程设计依据

根据人才培养方案的要求,围绕教学的职业性和开放性来重点培养学生的创业技能与主动学习的能力。

(1)使用互联网、软件、实训室以及多媒体教学系统;

(2)加强实践性教学,利用实践操作进行教学以帮助学生理解理论知识;

(3)推广案例性教学。

2. 设计思路

(1)教学模式

加强实践教学,突出专业课程的职业性、实践性和开放性。学以致用,以"用"促学,边"用"边学。

(2)教学内容的开发

根据人才培养方案的要求,课程内容的开发以"任务驱动"和"项目导向"为基础,使得学生掌握电子商务与现代物流的基本理论和电子商务发展的最新动态。密切联系实际,通过分析和研究案例,加深对电子商务与现代物流知识的理解和掌握,能够把对电子商务与现代物流的基本知识的学习融入对实践的研究和认识中,以提高操作能力和实践能力。

该课程从四个项目进行教学,以对电子商务与现代物流有一个整体的认识,包括:物流认知、电子商务物流系统、电子商务物流模式、电子商务物流客户管理。

(五)课程培养目标

1. 总体目标

设置本课程的目的在于培养学生具有电子商务与现代物流的基本技能,并培养学生的实践能力和操作能力,使他们成为能够适应电子商务物流发展的应用型人才。

(1)系统全面地理解电子商务与现代物流的基本知识和基本原理。

(2)掌握电子商务物流配送的应用、电子商务物流信息技术的应用、电子商务物流模式、电子商务供应链管理、电子商务物流客户管理、电子商务物流成本管理等基本知识。

(3)提高分析问题、创造性解决问题的能力。

(4)具有运用所学知识和原理进行电子商务与现代物流应用的能力。

2. 具体目标

(1)知识目标

①能够熟练掌握电子商务物流管理的基本知识;

②能够熟练掌握电子商务物流配送的基本知识;

③能够熟练掌握电子商务物流信息技术应用的基本知识;

④能够熟练掌握电子商务物流模式的基本知识;

⑤能够熟练掌握电子商务供应链管理的基本知识;

⑥能够熟练掌握电子商务物流客户管理的基本知识;

⑦能够熟练掌握电子商务物流成本管理的基本知识。

（2）能力目标

①能够具有较强的电子商务物流合理化的运作能力；

②能够具有较强的计算机和外语应用能力；

③能够具有较强的电子商务物流配送能力；

④能够具有较强的电子商务物流模式选择能力；

⑤能够具有较强的电子商务物流客户管理能力；

⑥能够具有较强的电子商务物流成本管理能力。

（六）课程内容和要求

表4-42 电子商务与现代物流课程内容和要求

序号	单元名称	教学内容与要求	单元学时	实践考核项目与要求	实践学时
1	物流认知	1. 掌握什么是物流； 2. 掌握物流与电子商务的关系	4	熟悉物流的含义，掌握物流对电子商务的作用	2
2	电子商务物流系统	1. 了解电子商务物流的基础知识，掌握物流的功能； 2. 了解电子商务物流系统的合理化，对电子商务物流系统进行分析评价	8	熟练掌握电子商务物流系统的合理化措施	4
3	电子商务物流模式	1. 掌握物流一体化的含义； 2. 掌握第三方物流的应用； 3. 掌握新型物流的概念及相关理论； 4. 了解新型物流的主要应用	24	能够科学选择物流模式以进行物流运营	12
4	电子商务物流客户管理	1. 了解客户服务的基础知识； 2. 掌握电子商务客户服务理论和实践	24	能够熟练使用客户关系管理的工具和软件对客户的数据进行收集和处理，并科学合理地服务客户	12
合计			60		30

(七)教师任职要求

表4-43 电子商务与现代物流课程教师任职要求

专任教师 专业能力要求	兼职教师 专业能力要求	教学能力要求
1. 具有电子商务物流应用和合理化的掌握能力; 2. 专业技能达到专业培养目标的要求; 3. 具有丰富的电子商务物流知识和拓展能力	1. 具有熟练的实践操作能力,掌握电子商务物流的专业技能; 2. 有较好的将技术操作转化为教学的能力	1. 能够系统全面地讲授电子商务物流的基本知识和实践,并准确把握其发展趋势; 2. 具有指导学生处理未知问题的能力

(八)教学条件与设施要求

1. 教学硬件要求

本课程的教学需要多媒体教室、实训室、网络和校外实训基地等。理论知识的讲授全部采用多媒体教学,实践教学需要实训室、网络和校外实训基地等。同时,需要充分利用网络与学生交流,指导学生在网站上查找资料和分析问题。

2. 教学资源要求

利用学院网络教学数字平台建设网络课程,给学生提供更多的学习资源和学习机会。该课程需要充分利用网络教学平台,把所有的教学资源(PPT、电子教案、试题等)上传,并开通答疑讨论区、QQ、微信等进行学习交流。

八、客户关系管理实务课程标准

(一)课程信息

表4-44 客户关系管理实务课程信息

课程名称:客户关系管理实务	创业项目:自主创业、网络客服、信息服务等
课程类型:B类	课程属类:职业拓展课
课程学分:4	参考课时:60

续表

课程性质:必修课
适用专业(层次):电子商务专业(普专)
先修课程:电子商务实务、市场营销、网络营销等
后续课程:电子商务案例分析
职业资格:无

（二）课程简介

客户关系管理实务是电子商务专业的一门介绍客户关系管理基本知识的应用型课程。该课程从理论和实践两个方面对客户关系管理的相关知识进行全面和系统的介绍,主要包括:客户关系管理的演进与发展、客户关系管理的战略规划、寻找潜在客户、客户信息管理、客户体验与沟通等。

（三）课程性质与定位

1. 课程性质

客户关系管理实务是电子商务专业的职业能力课,也是专业必修课。通过学习,学生能够掌握客户关系管理的基本知识,并具有利用寻找潜在客户、客户信息管理、客户体验与沟通、客户满意、客户忠诚、交易纠纷处理等知识进行客户关系管理的能力,从而使学生具备从事电子商务客户关系管理的职业能力。

2. 课程定位

（1）课程设置的作用

该课程是电子商务专业的职业能力课程之一,它符合电子商务专业人才培养方案的要求,能够满足学生理论知识和专业技能学习的要求。先修课程包括电子商务实务、市场营销、网络营销等,后续课程是电子商务案例分析。

（2）与其他专业课程之间的关系

该课程与电子商务实务、电子商务案例分析和网络营销等专业课程有紧密联系。在开设本课程前,应当学习过电子商务实务、计算机网络技术、市场营销、网络营销等课程。另外,学习过有关的实务性较强的课程,对于学习本课程也会有很大的帮助。

(3)课程设置的目的

①通过系统讲授客户关系管理的基本知识,完善学生的电子商务客户关系管理的知识体系;

②开阔学生的学习视野;

③培养和提高学生客户关系管理的能力;

(四)课程设计思路

1. 课程设计依据

根据人才培养方案的要求,以教学的职业性和实用性为核心。具体而言,本课程标准的开发依据包括以下几个方面:

(1)使用互联网、软件、实训室以及多媒体教学系统。

(2)加强实践性教学。客户关系管理是一门涉及面比较广,难度较大的学科,利用实践操作进行教学以帮助学生理解理论知识。

(3)推广案例性教学。

2. 设计思路

(1)教学模式

加强实践教学,按照"创业项目→项目能力和知识需求→确立教学项目"的思路来组织教学。学以致用,以"用"促学,边"用"边学。

(2)教学内容的开发

根据人才培养方案的要求,课程内容的开发以"任务驱动"和"项目导向"为基础。该课程从八个项目进行教学,以对客户关系管理有一个整体的认识,包括:项目简介与资源配置、客户关系管理的战略规划、寻找潜在客户、客户信息管理、客户体验与沟通、销售机会管理、客户服务、项目总结。

（五）课程培养目标

1. 总体目标

（1）系统全面地理解客户关系管理的基本知识和基本原理；

（2）掌握客户关系管理的基本流程、寻找潜在客户、客户信息管理、客户体验与沟通等方面的基本知识；

（3）提高分析问题、创造性解决问题的能力；

（4）具有运用所学知识和原理进行客户关系管理的能力。

2. 具体目标

（1）知识目标

①能够熟练掌握客户关系管理的基本知识；

②能够熟练掌握客户关系管理的战略规划；

③能够熟练掌握寻找潜在客户的方法；

④能够熟练掌握客户信息管理的方法；

⑤能够熟练掌握客户体验与沟通的方法等。

（2）能力目标

①能够具有较强的计算机和英语应用能力；

②能够具有评估和选择企业客户关系管理方案的能力；

③能够具有对企业的客户关系管理提出解决方案的能力；

④能够具有较强的语言和书面表达能力；

⑤能够具有较强的人际交往和协商沟通能力；

⑥能够具有较强的团队合作能力。

(六)课程内容和要求

表4-45 客户关系管理实务课程内容和要求

序号	教学项目名称	教学内容与要求	单元学时	实践考核项目与要求	实践学时
1	项目简介与资源配置	了解客户关系管理的项目背景与能力要求;了解客户关系管理项目的操作流程;熟悉掌握客户关系管理软件的安装方法和步骤	2	熟练掌握客户关系管理软件的安装方法和步骤	1
2	CRM战略规划	了解CRM战略规划的能力要求;掌握CRM营销计划的基本知识;熟悉客户满意度与忠诚度的内容与要求	6	熟练进行供应商管理和产品(项目)管理、熟练进行客户需求调查表的设计	3
3	寻找潜在客户	通过对市场进行了解和分析,确定目标市场的潜在客户;进行市场调查,了解挖掘潜在客户的方法和渠道;掌握接近潜在客户的技巧	8	做一份客户需求分析报告	4
4	客户信息管理	熟悉客户信息采集和建立客户档案的方法和步骤;熟悉客户资料分析的内容;掌握客户细分的方法	8	客户信息的录入和Excel的导出、导入	4
5	客户体验与沟通	了解客户体验的基本概念;了解客户体验管理的操作流程	12	创建客户联系及记录,创建客户需求及记录	6
6	销售机会管理	能够进行机会分析及机会管道分析,找出潜在重点客户;了解订单处理,并学会在软件系统中进行订单记录	8	熟练进行销售机会管理	4
7	客户服务	明确客户服务的内容;把握客户服务流程;分析客户抱怨的原因,将客户抱怨变为商机	12	设计客户服务流程图	6
8	项目总结	能够对CRM的功能模块进行系统总结,并了解CRM实施的一般流程	4	对CRM项目进行总结	2
	合计		60		30

（七）教师任职要求

表4-46　客户关系管理实务课程教师任职要求

专业能力要求		教学能力要求
专任教师	兼职教师	
能够全面准确把握电子商务中客户关系管理的发展趋势，在理论教学上，要系统全面地讲授客户关系管理的理论及其应用；在技能教学上，要熟练使用教学软件以指导学生的理论和实践学习	能够把电子商务中的物流、资金流、信息流、商流和客户关系管理有机结合，能够熟练使用教学软件，系统分析企业案例以指导学生的理论和实践学习	能够系统全面地讲授客户关系管理的基本知识和实践，并准确把握电子商务中客户关系管理的发展趋势

（八）教学条件与设施要求

1. 教学硬件要求

本课程的教学需要多媒体教室、实训室、网络和校外实训基地等。理论知识的讲授全部采用多媒体教学，实践教学需要实训室、网络和校外实训基地等。同时，需要充分利用网络与学生交流，指导学生在网站上查找资料和分析问题。

2. 教学资源要求

（1）利用学院网络教学数字平台建设网络课程，给学生提供更多的学习资源和学习机会。该课程需要充分利用网络教学平台，把所有的教学资源（PPT、电子教案、试题等）上传，并开通答疑讨论区、QQ、微信等进行学习交流。

（2）结合企业的实际电子商务客户关系管理活动，需要依托实训室或校外实习基地进行电子商务教学活动。

九、网络营销课程标准

(一)课程基本信息

表4-47 网络营销课程基本信息

课程名称:网络营销	创业项目:业务推广、网站设计、网络贸易等
课程类型:B类	课程属类:职业能力课
课程学分:6	参考课时:98
课程性质:必修课	
适用专业(层次):电子商务(普专)	
先修课程:电子商务实务、市场营销等	
后续课程:客户关系管理实务、网络营销实操等	

(二)课程简介

网络营销课程以实战网络营销为重点,主要内容包括:网络营销理论、搜索引擎优化、网络创业项目、网络营销方案设计等。

(三)课程性质与定位

1. 课程性质

网络营销是电子商务专业的必修课程,也是电子商务专业的职业能力课。该课程要向学生完整介绍网络营销的知识体系与实践应用的方法和技能,使学生系统掌握网络营销的基本原理、基本工具和方法,从而在实践中有效地帮助企业进行网上经营活动。

2. 课程定位

网络营销定位于培养学生在掌握网络营销的基本知识的基础上,具有网络营销的实践能力,以帮助企业进行网络市场推广、网络市场调研、网络营销渠道的建立和维护,同时也要培养学生具有从事网络商务的创新与创业能力。

(四)课程设计思路

根据人才培养方案的要求,在课程的教学组织设计上,以真实工作任务或社会产品为载体。课程内容的开发以"任务驱动"和"项目导向"为基础。该课程从九个项目进行教学,以对网络营销有一个整体的认识,包括:网络营销理论、网络信息的搜集和调研、网络论坛推广、搜索引擎优化、网络营销渠道的开发与维护、网络整合营销、大学生网络创业项目、网络营销方案设计、网络营销实操。

(五)课程培养目标

1. 知识目标

(1)掌握网络营销的基本理论;

(2)掌握网络营销市场调研的内容;

(3)掌握网络论坛推广的主要步骤及成功的必要条件;

(4)掌握搜索引擎优化的概念及实施;

(5)掌握网络营销渠道的建设、开发方式,以及在合作企业中的应用;

(6)掌握网络整合营销方案的制订和实施步骤,以及网络整合营销的解决方案;

(7)掌握网络创业项目所需要的各项理论和技能;

(8)掌握网络营销方案设计的内容;

(9)掌握网络信息的搜集和调研、网络论坛推广、搜索引擎优化、网络营销渠道的开发与维护。

2. 能力目标

(1)培养学生具有在网络市场上利用网络工具(搜索引擎、E-mail、网络社区、商务平台、SNS等)进行网络推广的能力;

(2)培养学生具有网络市场调研、网络市场预测、网络营销方案的设计与实施等能力;

(3)培养学生具有在网络C店、B店的营销推广能力以及创业能力;

(4)培养学生具有网络营销渠道的开发、维护和管理的能力,以及具有网络整合营销的运用和实践能力。

(六)课程内容和要求

表 4-48 网络营销课程内容和要求

序号	单元名称	教学内容与要求	单元学时	实践考核项目与要求	实践学时
1	网络营销理论	网络营销的理论发展现状,对网络营销的作用有初步认识	10	以腾讯的成长为例考核对网络市场的认识和判断能力	5
2	网络信息的搜集和调研	网络商务信息的调研内容,网络信息的市场调研报告的撰写格式和要求	10	网络市场的调研能力,网络信息的分析与处理能力	5
3	网络论坛推广	网络论坛推广的主要步骤及成功的必要条件	8	QQ营销的应用能力	4
4	搜索引擎优化	搜索引擎优化的概念和实施	8	搜索引擎优化的操作能力:如何进行搜索引擎优化	4
5	网络营销渠道的开发与维护	网络营销渠道的建设、开发方式,以及在合作企业中的应用	8	网络营销渠道的建设、开发能力:如何通过网络营销工具来开发网络营销渠道	4
6	网络整合营销	网络整合营销方案的制订和实施的步骤,以及网络整合营销的解决方案	8	网络整合营销的能力	4
7	大学生网络创业项目	明确网络创业项目所需要的各项理论和技能要求	8	大学生网络创业能力训练	4
8	网络营销方案设计	网络营销方案设计的内容	8	考核学生网络营销方案的设计能力	4
9	网络营销实操	网络信息的搜集和调研、网络论坛推广、搜索引擎优、网络营销渠道的开发与维护	30	锻炼学生网络营销方案的设计能力;锻炼学生判断一个方案的实施可行性的能力	30
	合计		98		64

（七）教师任职要求

表4-49　网络营销课程教师任职要求

专任教师 专业能力要求	兼职教师 专业能力要求	教学能力要求
1. 网络营销整个流程的掌握； 2. 能够帮助学生掌握网络营销的工具和方法； 3. 对学生的网络营销过程进行指导	1. 网络营销整个流程的掌握； 2. 能够帮助学生掌握网络营销的工具和方法； 3. 对学生的网络营销过程进行指导； 4. 具有至少两年的网络营销经验	具有全面掌握网络营销的理论和实践操作的能力，并掌握网络营销的发展趋势。另外，具有指导学生处理未知问题的能力

（八）教学条件与设施要求

本课程将在电子商务实训室中完成教学，这不仅可以让学生更为直观地了解企业经营、企业岗位及岗位职责等内容，而且可以让学生在充分学习理论知识的同时，更好地完成单项实训的实操演练。该课程的讲授利用多种学习资源，除了传统意义上的教学课件外，还要利用丰富的网络资源和企业案例资源进行教学。

十、网站建设与维护课程标准

（一）课程信息

表4-50　网站建设与维护课程信息

课程名称：网站建设与维护	创业项目：网站设计、业务推广、网络贸易等
课程类型：B类	课程属类：职业能力课
课程学分：4	参考课时：68
课程性质：必修课	
适用专业（层次）：电子商务（普专）	
先修课程：Photoshop、Flash、网页设计与制作等	
后续课程：网站建设实操	
职业资格：无	

(二)课程简介

网站建设与维护课程是电子商务专业的一门专业必修课程,也是一门实践性很强的课程,从 Dreamweaver、Flash、Photoshop、动态网站等方面进行讲解,力求让学生掌握网站建设与维护的基本技术,为后续课程的学习打下坚实的基础。

(三)课程性质与定位

1. 课程性质

本课程是电子商务专业的职业能力课、必修课。

2. 课程定位

通过本课程的学习,使学生了解网站项目实施的流程,具备网站建设与维护的基本能力。本课程的主要任务是通过以学生动手操作为主、教师讲授为辅的教学过程逐步提高学生的网站建设与维护能力,为培养高素质的技能型电子商务人才提供保障。

(四)课程设计思路

1. 课程设计依据

根据人才培养方案的要求,以教学的职业性和实用性为核心,围绕典型企业网站的工作过程来设计课程标准。

2. 具体设计思路

根据人才培养方案的要求,围绕创业项目来开发课程内容。课程内容的开发以"任务驱动"和"项目导向"为基础,主要包括:项目描述、项目需求分析、网站概要设计、网站详细设计、网站代码编写。

(五)课程培养目标

1. 知识目标

(1)掌握网站需求分析的基本知识;

(2)掌握网站设计的基本知识:网站功能设计、网站布局设计、网站数据库设计等;

(3)掌握网站维护的基本知识。

2. 能力目标

(1) 具有根据调查来编写项目需求说明的能力；

(2) 具有根据需求来进行网站设计的能力；

(3) 具有阅读、分析、调试代码的能力；

(4) 具有根据网站类型来进行网站基本管理与维护的能力。

(六) 课程内容和要求

表 4-51　网站建设与维护课程内容和要求

序号	教学项目	工作任务	实践考核项目与要求	参考学时
1	项目描述	任务1：查找网站及相关概念，并整理形成文档 任务2：阅读项目文档，拟定项目讲解提纲	讲解网站项目提纲	4
2	项目需求分析	任务1：项目团队组建 任务2：用户需求信息采集与提炼 任务3：项目团队工作研讨会 任务4：网站总体规划设计 任务5：编制网站需求说明书	编制网站需求说明书	8
3	网站概要设计	任务1：需求说明文档分析 任务2：网站业务流程分析 任务3：网站功能设计 任务4：网站布局设计 任务5：网站数据库分析 任务6：网站概要设计文档编写	1. 分析并描述网站的业务流程和功能； 2. 讨论并制定网站的布局； 3. 研究数据库设计，并建立数据库； 4. 编制网站概要设计说明书	12
4	网站详细设计	任务1：网站概要设计文档分析 任务2：网站功能设计 任务3：网站结构设计 任务4：网站导航设计 任务5：网站页面设计 任务6：编制网站详细设计说明书	编制网站详细设计说明书	24
5	网站代码编写	网站代码编写	编写网站代码	20
合计				68

（七）教师任职要求

表 4-52　网站建设与维护课程教师任职要求

专业能力要求		教学能力要求
专任教师	兼职教师	
1. 掌握网站建设与维护的综合知识； 2. 至少完成两个完整网站的建设与维护工作	1. 具有 1 年以上工作经验、参加过 1 个以上整站的网站建设与维护工作或者有自己的网站； 2. 跟踪并熟悉相关的前沿技术和知识	能够系统全面地讲授网站建设与维护的基本知识和实践，并准确把握网站建设与维护的发展趋势

（八）教学条件与设施要求

1. 教学硬件要求

（1）具备实训室和多媒体教室以及可整体接纳学生的实习公司（基地）3 个。

（2）机房环境

①硬件环境：考核用机为奔腾以上兼容机，内存不少于512M，最好是1G或2G；硬盘不小于60G；VGA 彩显、带鼠标器、声卡、耳机（学生自备）。

②操作系统：Windows2000/2003/XP

2. 资源要求

Dreamweaver、Photoshop、Flash、Firworks CS3 及以上版本。

十一、视觉营销设计课程标准

（一）课程信息

表 4-53　视觉营销设计课程信息

课程名称:视觉营销设计	创业项目:网络贸易、网站设计、业务推广等
课程类型:B 类	课程属类:职业能力课
课程学分:5	参考课时:94
课程性质:必修课	

续表

适用专业(层次):电子商务专业特色班(普专)
先修课程:电子商务实务
后续课程:跨境贸易转型与突破、阿里巴巴网商店铺营销实训等
职业资格:阿里巴巴跨境电商初级人才证书

(二)课程简介

视觉营销设计是电子商务专业的必修课、职业能力课。该课程通过边做边学的方式,让学生在掌握Photoshop工具的同时,了解网购的特殊性,用色彩、图片和文字来传达信息,带领消费者的五官去感知实物。

课程通过真实的工作流程导向的方式,采用循序渐进的方法,培养学生工具的使用能力、整页布局的设计能力、色彩营销能力、消费者心理的把握能力、流行趋势的把握能力、沟通交流能力、客户服务能力等,使学生完全掌握美工的应用技能。

(三)课程性质

本课程属于电子商务专业的基础课,适用于内外贸易。

(四)课程设计思路

本课程根据电子商务实际应用的需要,采用项目推进式的开发模式,把Photoshop工具应用和网店美工紧密结合,把网络营销理念、色彩分析、消费者心理结合到技能工具中,让学生通过制作网店主图、海报等模块和接受企业的美工任务,在真实的工作中学习并掌握Photoshop工具和美工技能,培养学生的网店视觉美感、图片营销方法以及美工工具的应用。本课程的创新点在于把天猫对于美工的要求融入课程的讲授中,不再为掌握工具而单纯地讲解工具,从而让学生在实践操作中成长为合格的美工。

(五)课程培养目标

1. 总体目标

通过教学,使学生对本专业有较深的认识,产生职业岗位意识,了解本专业的职业岗位人才应具备的知识、能力和素质,引导学生进入专业学习的殿堂,激发学习热情。

通过教学,使学生掌握电商零售平台的美工岗位人才的操作技能,制作出具有视觉营销效果的促销海报和商品主图,培养出符合市场需求的应用型人才。

2. 知识目标

(1)了解 PS 软件及视觉营销设计的基础知识;

(2)掌握抠图技巧;

(3)掌握电商主图的设计要点;

(4)掌握电商海报的设计要点;

(5)掌握修图的基本方法;

(6)掌握调色的各种方法;

(7)掌握构图原理以及掌握不同的构图原理在海报中的应用方法;

(8)掌握文字排版及应用;

(9)掌握使用滤镜工具来制作各种效果;

(10)掌握创意海报的构成要素及制作方法;

(11)掌握产品拍摄及摄影构图;

(12)掌握产品详情页的设计排版及产品上传;

(13)掌握首页设计及后台装修;

(14)掌握手机端的页面设计和装修。

3. 能力目标

(1)能够熟练使用 Photoshop 工具;

(2)能够利用工具熟练制作达到店铺宣传效果的主图;

(3)能够根据商品特征设计符合要求的电商海报;

(4)能够通过修图达到想要的图片效果;

(5)通过模仿—修改—创意实现知识的融会贯通;

(6)能够达到淘宝店铺、天猫店铺等电子商务平台对网店美工的技能要求,可胜任美工工作;

（7）能够以小组为单位承接网店美工项目,能够开发有创意的网商广告海报;

（8）能够在掌握店铺详情页和首页设计的基础上独立完成店铺的装修设计。

（六）课程内容和要求

表4-54　视觉营销设计课程内容和要求

序号	单元名称	教学内容与教学要求	单元学时	实践考核项目与要求	实践课时
1	视觉营销设计的基础知识	了解什么是PS;掌握色彩的相关知识;掌握字体排版在海报中的应用及其与产品的搭配使用	8	字体排版在海报中的应用及其与产品的搭配使用	4
2	抠图的技巧	掌握套索工具及其延伸工具、魔棒工具、钢笔工具的使用,并能够运用工具简单抠图	8	运用工具简单抠图	4
3	电商主图	初步认识电商主图;了解淘宝主图、直通车主图、天猫主图的区别;掌握主图构图及尺寸要求	10	主图构图	5
4	电商海报的设计与制作	初步认识电商海报;掌握海报的尺寸要求、海报的组成部分以及海报的配色等,了解各种风格的海报设计	8	各种风格的海报设计	4
5	字体设计	认识常用字体,掌握字体设计的方式方法;能有效运用钢笔工具处理字体的笔画连接	6	笔画变形,添加剪贴模版	3
6	修图调色	掌握色阶调色方法;掌握修复画笔工具、仿制图章的使用;掌握色彩平衡中几种颜色的关系并掌握调色方法	6	调色	3

续表

序号	单元名称	教学内容与教学要求	单元学时	实践考核项目与要求	实践课时
7	构图	提高审美观及审丑观,掌握海报的构图原则,不同产品采用不同的构图方式	8	海报构图	4
8	电商海报的文字排版	掌握字体在海报中的应用及字体与产品的搭配使用,能够自由组合素材完成海报设计	6	自由组合素材完成海报设计	3
9	滤镜使用	掌握光照效果、静态雾气效果、水彩画制作等的制作方法,熟练使用滤镜制作各种效果	4	使用滤镜制作各种效果	2
10	创意合成海报	在能够独立完成一个完整的海报设计的基础上有所创意,制作有创意的海报设计	6	制作有创意的海报设计	3
11	产品摄影	认识产品摄影的重要性,学会相机的使用以及产品拍摄的实际操作,掌握摄影构图理论	4	使用相机拍摄产品并进行摄影构图	2
12	详情页的设计和产品上传	掌握详情页设计的各个模块、详情页的卖点分析、如何切片、用DW制作链接;掌握如何在店铺后台上传产品	8	切片、用DW制作链接、在店铺后台上传产品	4
13	首页设计与装修	掌握首页构成以及后台装修;掌握制作全屏首页的方法	8	后台装修以及制作全屏首页	4
14	手机端的设计与装修	掌握手机端的详情页以及首页的设计	4	手机端的详情页以及首页的设计	2
		合计	94		47

（七）教师任职要求

表4-55　视觉营销设计课程教师任职要求

专任教师 专业能力要求	兼职教师 专业能力要求	教学能力要求
1. 具有视觉营销设计课程所要求的扎实的理论基础； 2. 具有在企业一线实践锻炼的经验和经历； 3. 具有丰富的教学、科研能力以及独立指导学生进行创业的能力	1. 具有视觉营销设计课程所要求的扎实的理论基础； 2. 具有在企业一线实践锻炼的经验和经历； 3. 具有丰富的教学、科研能力以及独立指导学生进行创业的能力	1. 扎实的视觉营销设计的理论知识； 2. 丰富的视觉营销设计的实践经验； 3. 严格的执行力； 4. 能够指导学生进行创业

（八）教学条件与设施要求

为了满足课程的教学需要，应保证一定的校内教学设备的实训条件，要求如下：

第一，实训室。为培养学生的实践技能和创业技能提供硬件条件。

第二，学院图书馆、电子阅览室。可为学生课余进行拓展学习提供丰富的教学资源。

第三，QQ、微信、网络教学平台等的使用。

十二、搜索引擎优化课程标准

（一）课程基本信息

表4-56　搜索引擎优化课程基本信息

课程名称:搜索引擎优化	创业项目:业务推广、网络贸易、自主创业等
课程类型:B类	课程属类:职业拓展课
课程学分:4	参考课时:92
课程性质:必修课	
适用专业(层次):电子商务(普专)	

续表

先修课程:网络营销、网页设计与制作、网站建设与维护等
后续课程:客户关系管理实务、电子商务与现代物流等
职业资格:无

(二)课程详细信息

1. 课程简介

搜索引擎优化课程是电子商务专业的职业拓展课程,它是以网络为平台,利用百度、谷歌、360、搜狗等搜索引擎为载体来实现营销的一门课程,主要内容包括:搜索引擎的排名原理、影响搜索引擎优化的因素、域名主机和SEO、网站结构及内部链接、页面SEO优化、外部链接建设、搜索引擎优化的注意事项等。

2. 课程性质与定位

(1)课程性质

该课程是电子商务专业的必修课。该课程要向学生完整介绍搜索引擎优化的知识体系与实践技能,使学生系统掌握搜索引擎优化的基本原理和操作方法,从而在实践中有效地帮助企业进行搜索引擎推广,提高企业的网络经营管理水平,最终培养出市场需要的电子商务人才。

(2)课程定位

该课程定位于培养学生在掌握搜索引擎优化的基本知识的基础上,能够熟练进行搜索引擎优化实操,以帮助企业进行业务推广。

3. 课程设计思路

根据人才培养方案的要求,围绕创业项目来开发课程内容。课程内容的开发以"任务驱动"和"项目导向"为基础。主要内容包括:搜索引擎优化的原理、影响搜索引擎优化的因素、域名主机和SEO的关系、网站结构及内部链接对优化的影响、页面SEO优化的内容、外部链接的建设、搜索引擎优化的注意事项、搜索引擎优化实操。

4. 课程培养目标

（1）知识目标

①掌握网站搜索引擎的排名原理；

②掌握影响搜索引擎优化的因素；

③掌握网站域名主机与 SEO 的关系；

④掌握网站结构及内部链接对网站排名的影响；

⑤掌握网站页面 SEO 优化的主要内容；

⑥掌握网站外部链接建设的方法。

（2）能力目标

①培养学生具有对搜索引擎的排名原理、影响搜索引擎优化的因素、域名主机和 SEO、网站结构及内部链接、页面 SEO 优化、外部链接建设的自学能力；

②培养学生具有对搜索引擎的了解、观察、分析能力，能够做到发现搜索引擎市场的商机并进行搜索引擎优化；

③培养学生具有理解商业环境的能力。

5. 课程内容和要求

表 4-57　搜索引擎优化课程内容和要求

序号	教学项目名称	教学内容与要求	单元学时	实践考核项目与要求	实践学时
1	搜索引擎优化的原理	搜索引擎的排名原理、搜索引擎优化要素、SEO 步骤等	8	搜索引擎优化工具的选择	4
2	影响搜索引擎优化的因素	网站的相关性、权威性、实用性、内容	4	网站的相关性、权威性、实用性对排名的影响	2
3	域名主机和 SEO 的关系	域名与主机是否会影响搜索引擎排名等	4	域名对搜索引擎排名的影响	2
4	网站结构及内部链接对优化的影响	优化网站结构、复制内容网页、站内链接的优化等	4	优化网站结构	2

续表

序号	教学项目名称	教学内容与要求	单元学时	实践考核项目与要求	实践学时
5	掌握页面SEO优化的内容	关键词进行网页优化、Meta标签、SEO文案写作等	4	Meta标签的撰写、网站主题的形成、网页内容写作	2
6	外部链接的建设	链接分析技术与网站排名、获得外部链接、Google网页级别等	4	链接分析,寻找外部链接	2
7	搜索引擎优化注意事项	如何避免网站的过度优化、常见的SEO作弊手法、网站健康检查等	4	用户的行为方式影响搜索排名;常见的SEO作弊方法;网站健康检查	2
8	搜索引擎优化实操	制订搜索引擎优化计划;进行优化操作	60	优化企业网站	60
	合计		92		76

6. 教师任职要求

表4-58　搜索引擎优化课程教师任职要求

专任教师 专业能力要求	兼职教师 专业能力要求	教学能力要求
1. 具有SEO课程所要求的扎实的理论基础; 2. 具有在企业一线实践锻炼的经验和经历; 3. 具有丰富的教学和科研能力,以及独立指导学生进行创业的能力	1. 具有SEO课程所要求的扎实的理论基础; 2. 具有在企业一线实践锻炼的经验和经历; 3. 具有丰富的教学和科研能力,以及独立指导学生进行创业的能力	1. 具有扎实的SEO理论知识; 2. 具有丰富的SEO实践经验; 3. 严格的执行力; 4. 具有指导学生进行创业的能力

7. 教学条件与设施要求

本课程将在实训室中完成教学,不仅可以让学生更为直观地了解企业经营、企业岗位及岗位职责的内容,而且可以让学生在充分学习理论知识的同时,更好地完成实操演练。本课程教学利用多种学习资源,除了传统意义上的教学课件外,还需要丰富的网络资源和企业案例资源。

十三、阿里巴巴跨境零售运营宝典课程标准

(一)课程信息

表4-59　阿里巴巴跨境零售运营宝典课程信息

课程名称:阿里巴巴跨境零售运营宝典	创业项目:网络贸易、网络客服、信息服务等
课程类型:B类	课程属类:职业能力课
课程学分:5	参考课时:108
课程性质:必修课	
适用专业(层次):电子商务专业校企合作班(普专)	
先修课程:跨境贸易转型与突破、视觉营销设计、跨境电商运营实务(校企合作)等	
后续课程:毕业设计	
职业资格:阿里巴巴跨境电商人才初级证书	

(二)课程简介

该课程讲授跨境零售平台的运营以及产品和店铺的推广。通过学习,学生能够掌握平台的基本操作并了解物流和支付如何实现,还可以掌握平台的运营技能、科学化地进行产品布局、战略性地设计产品的营销计划、申报平台活动以及进行站外推广、Facebook和Twitter运营等。当店铺经营步入正轨之后,学生还可以掌握选品和店铺定位、产品采购、跨境产品的包装技巧、仓储和物流选择等一系列内容,最终实现跨境电子商务

创业。

(三)课程性质与定位

1. 课程性质

该课程是电子商务专业的一门必修课,也是一门职业能力课程,是学生在速卖通、敦煌等平台学习和业务操作中必不可少的基础课程。

2. 课程定位

该课程定位于学生在掌握速卖通、敦煌等平台操作和运营的基础上具有跨境电子商务创业的能力。

(四)课程设计思路

1. 课程设计依据

通过学习,学生能够对跨境零售有一个整体的了解,并且能够掌握相关平台的操作技巧,并能够独立开立速卖通、敦煌等店铺并独立运营。

2. 具体设计思路

(1)当店铺运营后,后台功能才得以应用,学生需要进一步了解平台的使用方法,让自己的产品尽可能地曝光。要实现这一目的,首先要重新对产品进行定位,实现店铺的差异化。

(2)要读懂店铺后台的数据,根据数据来分析产品的现状和优化方向。

(3)要全面布局,对产品的关键词进行分属性定义以提高产品的覆盖率。

(4)要及早为申报活动做好准备,了解活动规则,合理设置产品的价格,以及设置一定数量的包邮产品。

(5)了解采购流程、行业产品和国内供应商。

(6)优化仓储物流,提高货品周转率,提高包装和发货质量,对不同地区选择最优的物流方案。

(7)掌握站外推广的方法。

（五）课程培养目标

1. 知识目标

（1）熟悉并掌握平台的数据分析；

（2）掌握提高发布高质量产品的技巧；

（3）熟悉产品优化的方法以提高产品的曝光率和点击率；

（4）掌握店铺运营的方法以提高店铺效果；

（5）掌握店铺推广的方法以提高产品销量；

（6）掌握客户管理的方法以增强二次营销。

2. 能力目标

（1）能够顺利开通跨境电商店铺账号；

（2）能够熟练设计跨境物流方案、合理选择跨境物流方式；

（3）能够深入调研海外市场跨境电商的发展情况，形成可供企业采纳的调研报告；

（4）能够独立完成跨境电商选品及产品的信息化工作；

（5）能够合理设置跨境电商的产品价格、完成产品的刊登和发布；

（6）能够制订跨境产品和店铺的优化方案，并在平台内外进行推广；

（7）能够及时处理订单以提升客户体验感和满意度；

（8）能够及时处理争议订单，维护老客户和开发新客户。

3. 素质目标

（1）具备跨境电商运营的基本职业道德，热爱外贸工作，虚心学习，勤奋工作，遵守行业法律、法规；

（2）养成细心、有耐心的习惯，具有良好的服务意识；

（3）讲究工作效率和时间观念，养成良好的书面记录习惯，及时回复客户的各种要求并将重要事项反馈给相关部门或领导；

（4）维护企业的形象，在客户面前不卑不亢，信函交往中切勿庸俗低下；

（5）加强团队精神，能够与周围的同事和谐相处，有合理化建议时要及时提供给领导；

（6）对各个国家的客户有一定认识，并能包容、理解和处理各种买方行为。

（五）课程内容与要求

表 4-60　阿里巴巴跨境零售运营宝典课程内容与要求

序号	单元名称	教学内容与教学要求	单元学时	实践考核项目与要求	实践课时
1	你好，速卖通	1. 邮箱注册 2. 实名认证 3. 信息审核 4. 开店考试	4	注册邮箱并完成认证与考试	2
	速卖通后台——你不得不知的数据诊断	1. 数据分析的定义及在速卖通运营中的重要性 2. 速卖通数据分析工具解析及技巧——数据纵横 3. 直通车数据分析	4	使用速卖通数据分析工具	2
2	速卖通产品发布初体验	1. 产品发布前的准备 2. 产品发布三步走 3. 产品发布实操 4. 如何发布一个淘代销产品	4	产品发布	2
3	速卖通数据选品	1. 行业选品 2. 类目选品、产品选品	4	类目选品、产品选品	2
4	数据纵横——基础功能	1. 数据纵横使命 2. 数据纵横功能 3. 数据纵横规划	4	数据纵横的使命、功能与规划	2
	你真的会用关键词吗?	1. 关键词游戏 2. 关键词误区 3. 关键词来源 4. 关键词类型 5. 关键词的排列方法	4	正确选择关键词	2

续表

序号	单元名称	教学内容与教学要求	单元学时	实践考核项目与要求	实践课时
4	关键词的挖掘与利用	1. Google Adwords 寻找关键词 2. ALIEXPRESS 买家首页 3. 买家系统后台	4	Google 等搜索引擎搜索关键词的方法	2
	手把手教你制作优质标题	1. 简介排序规则 2. 设置标题的策略 3. 制作标题的详细流程 4. 三段法 5. 流量是有质量的	4	制作标题	2
	手把手教你制作产品详情页	1. 优化详情页的意义 2. 优质详情页的包含要点 3. 优质详情页的编排	2	编辑详情页	1
5	让它火火火之第一把火	1. 爆款推广的目的 2. 爆款打造的前提 3. 具体的思路和建议 4. 预爆款推广方案的建立	4	打造爆款的思路	2
	让它火火火之第二把火	1. 单独创建爆款的推广方案 2. 爆款的关联推广	4	爆款的关联推广	2
	让它火火火之第三把火	1. 爆品的确认 2. 爆品计划的建立 3. 常规加词策略 4. 爆品方案竞价策略的三个补充 5. 爆款方案打造之关键词选择误区的总结	4	爆品方案的竞价策略及关键词选择	2
	海报的文案与制作	1. 以物的角度提炼卖点 2. 借势造势影响买家 3. 消除买家购物风险	4	制作海报	2

续表

序号	单元名称	教学内容与教学要求	单元学时	实践考核项目与要求	实践课时
	直通车初始投放与计划设置	1. 常见推广策略 2. 初始投放设置 3. 常见误区解答	4	直通车的设置	2
6	手把手教你提升店铺的成交转化率	1. 转化率的定义 2. 提升转化率的主要因素及优化 3. 单品转化率分析	4	提升店铺成交转化率	2
	营销推广的四大工具	1. 限时限量折扣 2. 店铺满立减 3. 店铺优惠券 4. 全店铺打折	4	营销推广四大工具	2
	店铺营销之体验式营销	1. 何种产品能在平台卖出高价 2. 什么人是我们的客户 3. 什么方法能决胜平台	4	体验式营销	2
7	联盟营销	1. 速卖通联盟的认知与价值 2. 联盟推广渠道 3. 联盟制作 4. 重点规则介绍	4	联盟营销	2
	SNS营销解析	1. SNS定义 2. AE主要的SNS渠道及国外主流SNS的分类简介 3. 以Facebook和Twitter为例介绍初级SNS营销 4. Facebook简单案例分析	4	SNS营销	2
	客户关系管理	1. 客户关系管理的概念与意义 2. 客户关系管理的过程 3. 客户关系管理的经营策略	4	客户关系管理的经验策略	2
8	客服团队建设与管理	1. 岗位设置与员工招聘 2. 员工培训和考核定岗 3. 岗位分工和绩效考核 4. 薪酬福利设计与管理 5. 客服劳务关系管理	4	客服团队建设与管理	2

续表

序号	单元名称	教学内容与教学要求	单元学时	实践考核项目与要求	实践课时
9	客服不得不知的类目专业知识	1. 产品培训的目的和意义 2. 产品知识整理 3. 产品知识点	4	类目专业知识	2
	四招解决老客户维护	1. 如何提高复购率 2. 客户关系管理 3. 客户营销方式	4	维护老客户的方法	2
	金牌客服销售秘籍	1. 产品推荐技巧 2. 差异化营销 3. 转化成交	4	金牌客服的销售秘籍	2
	纠纷预防	1. 预防纠纷的重要性 2. 预防纠纷之产品 3. 预防纠纷之服务模板 4. 预防纠纷之订单处理 5. 预防纠纷 TIPS	4	纠纷订单的处理	2
	纠纷处理	1. 纠纷发生的阶段 2. 纠纷的类型 3. 不同类型纠纷的实例 4. 纠纷退款之成本核算 5. 处理纠纷的三大原则 6. 证据的收集与留存	4	纠纷处理案例	2
	软沟通模板	1. 售前询盘 2. 发货前 3. 发货后收货前 4. 收到货后	4	进行软沟通	2
	无线客服	1. 无线端的重要性 2. 速卖通无线 APP 3. 速卖通 APP 买家端客服功能	2	速卖通 APP 买家端客服功能	1
	合计		108		54

(七)教师任职要求

表4-61 阿里巴巴跨境零售运营宝典课程教师任职要求

专任教师 专业能力要求	兼职教师 专业能力要求	教学能力要求
1. 具有跨境零售平台运营的能力 2. 具有物流和支付实现的能力 3. 具有产品和店铺的推广能力 4. 具有Facebook和Twitter运营的能力	1. 具有跨境零售平台运营的能力 2. 具有物流和支付实现的能力 3. 具有产品和店铺的推广能力 4. 具有Facebook和Twitter运营的能力	具有指导学生处理未知问题的能力

八、教学条件与设施要求

(一)教学硬件要求

该课程要利用投影仪和音响进行教学,并且需要网络和实训室,以保障学生能够顺利开通店铺并加入消保。

(二)教学资源要求

利用学院网络教学数字平台建设网络课程,给学生提供更多的学习资源和学习机会。该课程需要充分利用网络教学平台,把所有的教学资源(PPT、电子教案、试题等)上传,并开通答疑讨论区、QQ、微信等进行学习交流。

第五章

"创业导向,产教融合"人才培养模式的实施效果

2009年以来,"创业导向,产教融合"人才培养模式的实施取得了可喜的成果,它将创业教育与职业教育紧密结合、将专业教育与地方企业和市场紧密结合,在提高教学质量、收获可观的经济效益的同时也产生了广泛的社会影响,在促进就业、服务产业等方面实现了学校、教师、学生、企业的多赢。

第一节 专业教学方面的实施效果

一、入选教育部"服务就业,促进就业"案例

学生网上商店的创业成功案例屡见不鲜,有代表性的网店包括大正家纺、馨园汽车装饰、凯贝尔旗舰店等,见图5-1、图5-2。其中,凯贝尔官方旗舰店是由山东赛特股份有限公司授权以魏浩和田振华同学为主的创业团队来独家运营,见图5-3。

<<< 第五章 "创业导向,产教融合"人才培养模式的实施效果

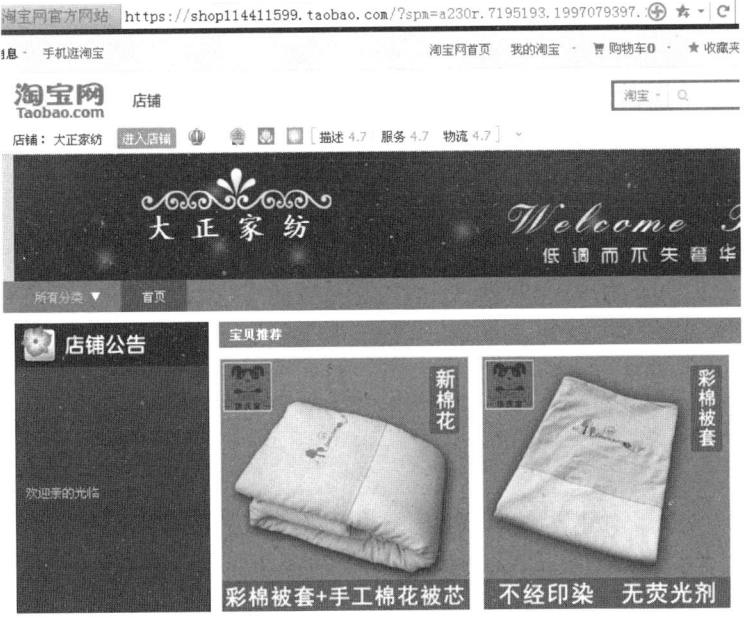

图 5-1 大正家纺

图 5-2 馨园汽车装饰

高职电子商务人才培养的研究与实践　>>>

图 5-3　凯贝尔旗舰店

学生的网上创业成功案例"'两结合'教学模式成就学生'零成本创业'梦想"入选"教育部'服务就业,促进就业'典型案例",见图 5-4—图 5-6。

图 5-4　案例封面

<<< 第五章 "创业导向,产教融合"人才培养模式的实施效果

33. 建立创业教育基地 开拓自主创业之路（新疆农业职业技术学院） (162)
34. 脚踏实地 自学成才（漳州职业技术学院） (163)
35. "两结合"教学模式成就学生"零成本创业"梦想（淄博职业学院） (164)
36. 兴趣爱好是基础 素质能力是根本（浙江金融职业学院） (165)
37. 启迪创业思维 助推创业实践（广州民航职业技术学院） (166)
38. "寒流"中看到春天（北京工业职业技术学院） (167)
39. 多管齐下 强化顶岗实习（常州信息职业技术学院） (169)
40. "定制式"人才培养促学生高质量就业（成都航空职业技术学院） (170)
41. 搭建技能竞赛平台 助推学生就业创业（金华职业技术学院） (171)
42. 以"主"带"辅" 以"热"化"冷" 促就业（河北工业职业技术学院） (172)
43. "订单培养" 校企同唱就业歌（黑龙江农业工程职业学院） (173)
44. "两轮顶岗" 让学生就业不再难（黄河水利职业技术学院） (174)
45. 紧贴职场需求 新"回炉"促就业（浙江机电职业技术学院） (175)
46. "校企互育，冬学夏训"人才培养模式助学生成就未来
（克拉玛依职业技术学院） (176)
47. 以"四共""两化"抢占就业高地（长春职业技术学院） (177)
48. 以顶岗实习一体化教学改革促学生就业工作开展（南京工业职业技术学院） (179)
49. "一线三平台"人才培养模式拓宽学生创业路（南通纺织职业技术学院） (180)
50. 订单培养实现学生高水平就业（宁波职业技术学院） (181)
51. "校企耦合"助毕业生高质量从业（青岛职业技术学院） (183)
52. "订单"培养显成效 学员就业百分百（上海公安高等专科学校） (184)
53. 校企合作共建冠名班 促进学生高质量就业（沈阳职业技术学院） (185)
54. 练就过硬技能 赢得就业岗位（石家庄铁路职业技术学院） (186)
55. 实施顶岗实习 促进学生就业（湖南工业职业技术学院） (187)
56. "全过程工学交替，六维度校企合作"
人才培养模式为学生铺平就业之路（天津职业大学） (188)
57. 信息工程类专业通过"3Q8T 人才培养模式"
应对就业挑战（威海职业学院） (189)
58. 双证融合 工学结合 促放就业奇葩
（黑龙江农业经济职业技术学院） (190)
59. 工学交替 订单培养 为学生就业撑起一片艳阳天
（湖南交通职业技术学院）

图 5-5 案例目录

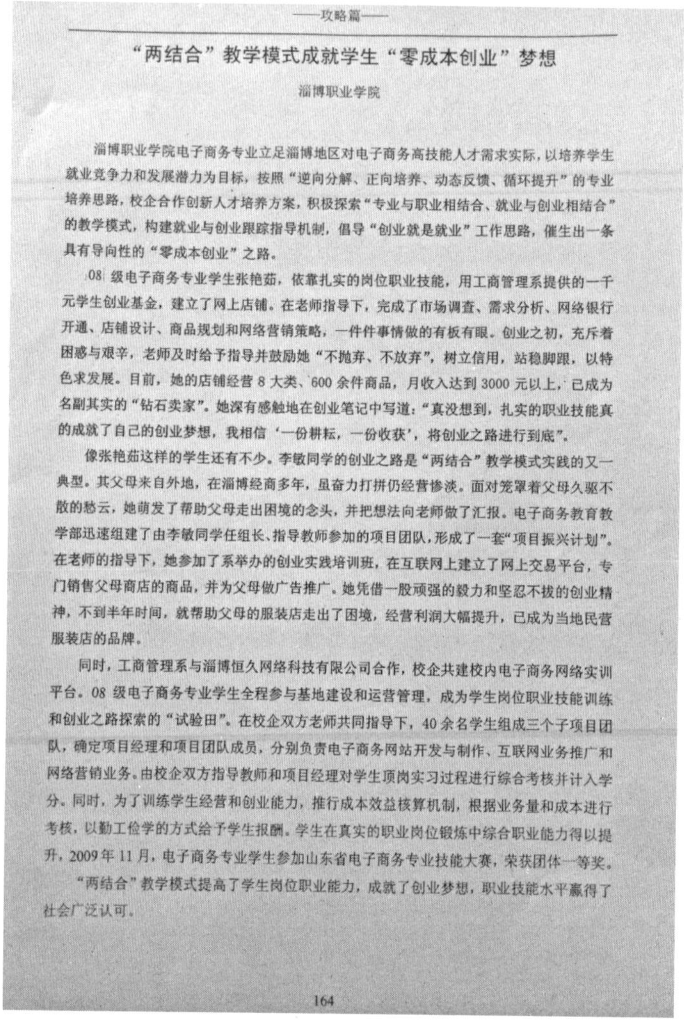

——攻略篇——

“两结合”教学模式成就学生“零成本创业”梦想

淄博职业学院

淄博职业学院电子商务专业立足淄博地区对电子商务高技能人才需求实际，以培养学生就业竞争力和发展潜力为目标，按照“逆向分解、正向培养、动态反馈、循环提升”的专业培养思路，校企合作创新人才培养方案，积极探索“专业与职业相结合、就业与创业相结合”的教学模式，构建就业与创业跟踪指导机制，倡导“创业就是就业”工作思路，催生出一条具有导向性的“零成本创业”之路。

08 级电子商务专业学生张艳茹，依靠扎实的岗位职业技能，用工商管理系提供的一千元学生创业基金，建立了网上店铺。在老师指导下，完成了市场调查、需求分析、网络银行开通、店铺设计、商品规划和网络营销策略，一件件事情做的有板有眼。创业之初，充斥着困惑与艰辛，老师及时给予指导并鼓励她“不抛弃、不放弃”，树立信用，站稳脚跟，以特色求发展。目前，她的店铺经营 8 大类、600 余件商品，月收入达到 3000 元以上，已成为名副其实的“钻石卖家”。她深有感触地在创业笔记中写道：“真没想到，扎实的职业技能真的成就了自己的创业梦想，我相信‘一份耕耘，一份收获’，将创业之路进行到底”。

像张艳茹这样的学生还有不少。李敏同学的创业之路是“两结合”教学模式实践的又一典型。其父母来自外地，在淄博经商多年，虽奋力打拼仍经营惨淡。面对笼罩着父母久驱不散的愁云，她萌发了帮助父母走出困境的念头，并把想法向老师做了汇报。电子商务教育教学部迅速组建了由李敏同学任组长、指导教师参加的项目团队，形成了一套“项目振兴计划”。在老师的指导下，她参加了系举办的创业实践培训班，在互联网上建立了网上交易平台，专门销售父母商店的商品，并为父母做广告推广。她凭借一股顽强的毅力和坚忍不拔的创业精神，不到半年时间，就帮助父母的服装店走出了困境，经营利润大幅提升，已成为当地民营服装店的品牌。

同时，工商管理系与淄博恒久网络科技有限公司合作，校企共建校内电子商务网络实训平台。08 级电子商务专业学生全程参与基地建设和运营管理，成为学生岗位职业技能训练和创业之路探索的“试验田”。在校企双方老师共同指导下，40 余名学生组成三个子项目团队，确定项目经理和项目团队成员，分别负责电子商务网站开发与制作、互联网业务推广和网络营销业务。由校企双方指导教师和项目经理对学生顶岗实习过程进行综合考核并计入学分。同时，为了训练学生经营和创业能力，推行成本效益核算机制，根据业务量和成本进行考核，以勤工俭学的方式给予学生报酬。学生在真实的职业岗位锻炼中综合职业能力得以提升，2009 年 11 月，电子商务专业学生参加山东省电子商务专业技能大赛，荣获团体一等奖。

“两结合”教学模式提高了学生岗位职业能力，成就了创业梦想，职业技能水平赢得了社会广泛认可。

164

图 5－6　案例正文

二、入选教育部国家示范校高等职业院校建设计划项目四周年成果

创业教学成果“实践有项目，创业有平台，学习就业双保险”中的考试模式改革方案“专业竞赛大练兵，以赛促学强技能”和“校企合作建平台，自主创业育精英”典型案例 2011 年在天津由教育部主办的示范校建设四周年成果展上成功展出，见图 5－7、图 5－8、图 5－9。

图5-7 示范校建设四周年成果封面

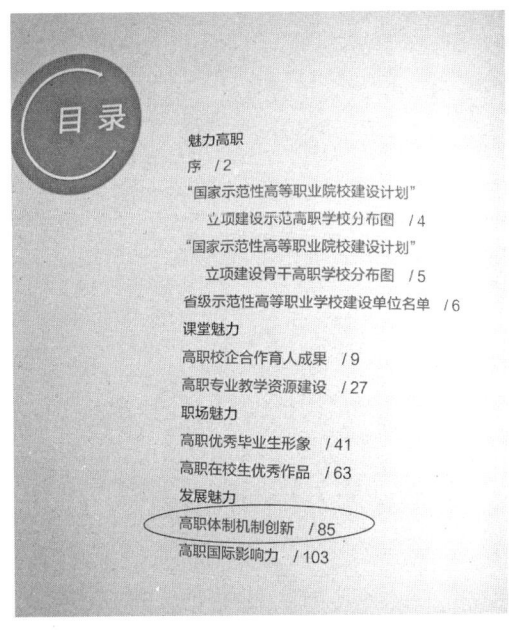

图5-8 示范校建设四周年成果目录

图 5-9 示范校建设四周年成果正文展板

三、入选 2010 年度中国商科教育学科竞赛综合竞争力 50 强职业院校

2011 年,在由中国商业联合会技能鉴定中心主办的《2010 年度中国商科教育学科竞赛综合竞争力指数》排名中,重点以淄博职业学院电子商务专业取得的技能大赛成绩作为申报成果的工商管理学院排在第 13 位(共有 136 所职业院校参评,其中国家示范校和国家骨干高职院校 45 所),见图 5-10 和图 5-11。

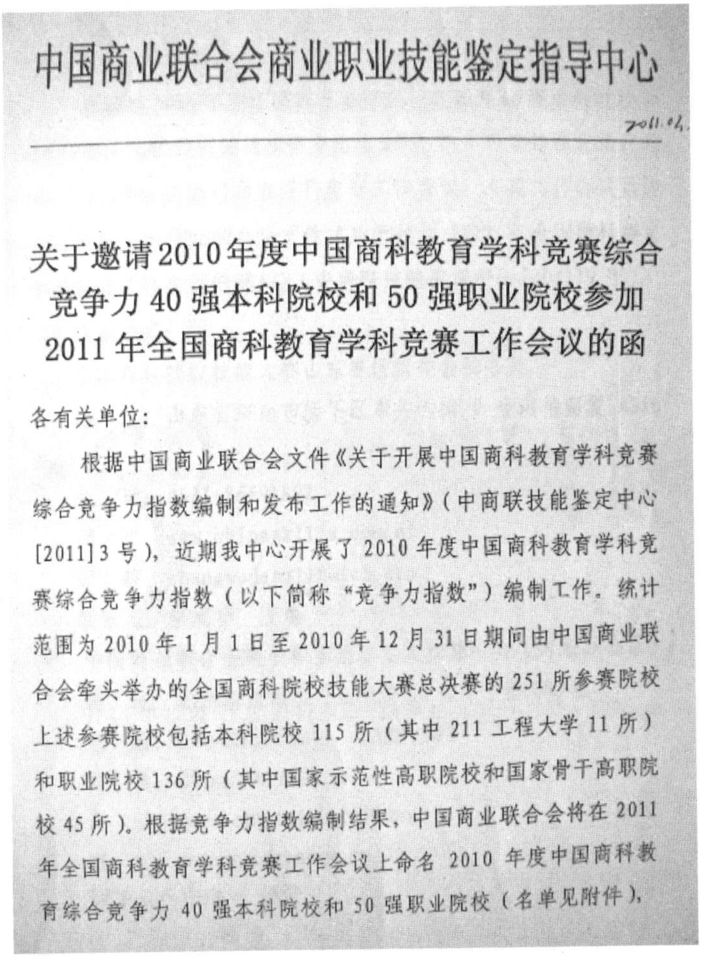

中国商业联合会商业职业技能鉴定指导中心

2011.04.

关于邀请 2010 年度中国商科教育学科竞赛综合竞争力 40 强本科院校和 50 强职业院校参加 2011 年全国商科教育学科竞赛工作会议的函

各有关单位:

根据中国商业联合会文件《关于开展中国商科教育学科竞赛综合竞争力指数编制和发布工作的通知》(中商联技能鉴定中心[2011]3 号),近期我中心开展了 2010 年度中国商科教育学科竞赛综合竞争力指数(以下简称"竞争力指数")编制工作。统计范围为 2010 年 1 月 1 日至 2010 年 12 月 31 日期间由中国商业联合会牵头举办的全国商科院校技能大赛总决赛的 251 所参赛院校。上述参赛院校包括本科院校 115 所(其中 211 工程大学 11 所)和职业院校 136 所(其中国家示范性高职院校和国家骨干高职院校 45 所)。根据竞争力指数编制结果,中国商业联合会将在 2011 年全国商科教育学科竞赛工作会议上命名 2010 年度中国商科教育综合竞争力 40 强本科院校和 50 强职业院校(名单见附件),

图 5-10 会议通知

2010年度中国商科教育学科竞赛综合竞争力50强职业院校名单

排名	院校名称	所在地区	院校类型	竞争力指数
1	安徽工商职业学院	安徽省	高职高专	926.83
2	★昆明冶金高等专科学校	云南省	高职高专	855.57
3	浙江商业职业技术学院	浙江省	高职高专	579.30
4	浙江经贸职业技术学院	浙江省	高职高专	576.47
5	浙江工业职业技术学院	浙江省	高职高专	561.54
6	福建商业高等专科学校	福建省	高职高专	481.98
7	武汉商贸职业学院	湖北省	高职高专	446.35
8	浙江纺织服装职业技术学院	浙江省	高职高专	421.30
9	☆上海出版印刷高等专科学校	上海市	高职高专	415.48
10	江海职业技术学院	江苏省	高职高专	406.36
11	★深圳职业技术学院	广东省	高职高专	398.41
12	☆江苏经贸职业技术学院	江苏省	高职高专	380.95
13	★淄博职业学院	山东省	高职高专	372.75
14	☆北京信息职业技术学院	北京市	高职高专	338.12
15	重庆城市职业学院	重庆市	高职高专	332.24
16	广州科技贸易职业学院	广东省	高职高专	314.97
17	广东工贸职业技术学院	广东省	高职高专	290.48
18	★北京财贸职业学院	北京市	高职高专	286.45
19	★日照职业技术学院	山东省	高职高专	276.98
20	☆广西职业技术学院	广西壮族自治区	高职高专	262.34
21	河南商业高等专科学校	河南省	高职高专	262.18
22	北京现代职业技术学院	北京市	高职高专	254.06
23	石家庄信息工程职业学院	河北省	高职高专	251.30
24	丽水职业技术学院	浙江省	高职高专	250.00
25	许昌职业技术学院	河南省	高职高专	245.58

图 5-11　淄博职业学院(工商管理学院)位列第 13 位

四、媒体报道

除了鼓励和帮助学生创业外,电子商务专业还直接把课内教学与服务企业结合起来,师生共同为企业提供技术服务,先后为山东省内十多家企业进行了网络营销策划和搜索引擎优化,通过参加这些实践,实现了零成本创业,产生了广泛的社会影响,学生的网上创业就业活动被CCTV、SDETV、《淄博日报》等多家媒体报道,见图5-12。

图5-12 《淄博日报》报道

五、精品课程、教学设计与实施项目、创新创业课程

"创业导向,产教融合"人才培养模式的实施在课程建设、提高教学质量、提高学生操作技能等方面效果显著。电子商务动画制作和电子交易与支付被评为淄博职业学院优质课程,见图5-13、图5-14。

大学生网上创业联合申报课程(网络创业、店铺装修、网络营销、网店客户关系管理、网店物流)被评为淄博职业学院精品课程,见图5-15。

网络营销实务被评为淄博职业学院"教学设计与实施项目",见图5-16。

大学生网上创业联合课程群、跨境电商被评为淄博职业学院创新创业课程(群),见图5-17。

2009年优质专业核心课程			
发布时间：2009-10-20 浏览次数：3618			
课程名称	所属院系	课程层次	所属学科
化工分析与检验技术	化学工程系	专科	生化与药品大类
仪器分析技术	化学工程系	专科	生化与药品大类
数控机床零件加工	机电工程系	专科	制造大类
机械识图与制图	机电工程系	专科	制造大类
机械加工工艺编制与实施	机电工程系	专科	制造大类
冲压工艺及模具设计	机电工程系	专科	制造大类
可编程控制器	电子电气工程系	专科	电子信息大类
电机控制技术	电子电气工程系	专科	电子信息大类
电工电子技术	电子电气工程系	专科	电子信息大类
生物分离与纯化技术	制药与生物工程系	专科	生化与药品大类
药物制剂技术	制药与生物工程系	专科	生化与药品大类
药物分析检验技术	制药与生物工程系	专科	生化与药品大类
发酵食品生产技术	制药与生物工程系	专科	生化与药品大类
网络工程构建技术	信息工程系	专科	计算机类
计算机网络管理技术（基于设备）	信息工程系	专科	计算机类
网络服务配置	信息工程系	专科	计算机类
商务谈判	工商管理系	专科	财经大类
电子商务动画制作	**工商管理系**	**专科**	**财经大类**
仓储与配送管理	工商管理系	专科	财经大类

图 5-13　电子商务动画制作优质课程

2010年院级优质课程		
发布时间：2010-04-29 浏览次数：3662		
序号	课程名称	所属系（院）
1	会计岗位实训	会计系
2	动画脚本设计	动漫艺术系
3	正常人体功能	护理系
4	管理实务	工商管理系
5	电气控制应用技术	电子电气工程系
6	酒店英语	旅游管理系
7	医用英语	国际学院
8	自动变速器检修	汽车工程系
9	国际货运代理实务	工商管理系
10	建筑工程施工技术	建筑工程系
11	精细化学品生产	化学工程系
12	仪器分析技术	化学工程系
13	外贸函电	国际学院
14	**电子交易与支付**	**工商管理系**
15	汽车销售	汽车工程系

图 5-14　电子交易与支付优质课程

<<< 第五章 "创业导向,产教融合"人才培养模式的实施效果

2013年度院级精品课程名单

名次	课程名称	所属院系	课程群包含课程	是否为往年参评课程	备注
6	大学生网络创业联合申报课程	工商管理学院	网络创业		2013年院级
			店铺装修		2013年院级
			网络营销		2013年院级
			网店客户关系管理		2013年院级
			网店物流		2013年院级
7	网站开发课程群	信息工程系	网页界面设计		2013年院级
			网站动画与特效制作		2013年院级
			网页样式与布局		2013年院级
			网站后台开发		2013年院级
			网站管理与维护		2013年院级
8	大学生信息素养联合课程	信息工程系	实用程序设计入门		2013年院级
			数码产品使用与维护		2013年院级
			数码照片处理		2013年院级
			个人网站建设		2013年院级
			DV影视作品制作		2013年院级

图 5－15 大学生网络创业联合申报课程精品课程

淄博职业学院2013年度教学设计与实施项目

发布时间:2016-02-29

序号	系（院、部）	立项课程名称（课程代码）	项目主持人	团队成员
1	国际学院	《英语语音》 3180410046		
2	动漫艺术系	《二维动画制作》 3024610043		
3	文化传媒系	《乐理视唱练耳》 3059810044		
4	化学工程系	《基础化学》 3046310033		
5	工商管理学院	《网络营销实务》 3099510037		

图 5－16 教学设计与实施项目"网络营销实务"

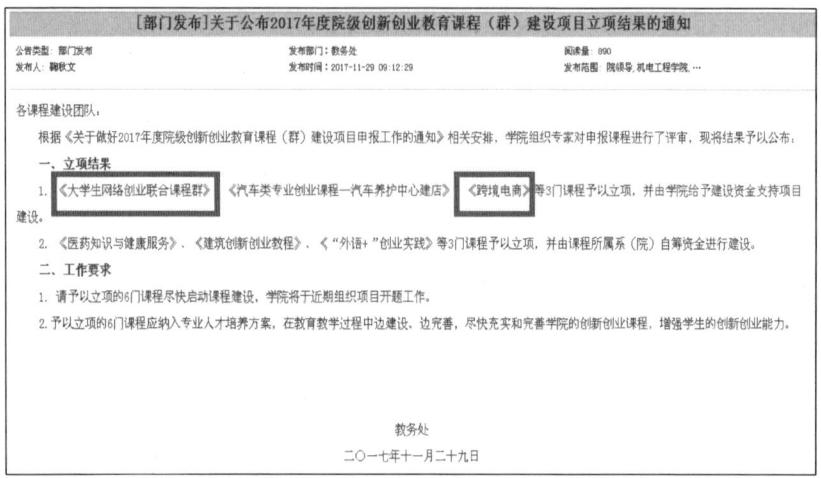

图 5-17 创新创业课程(群)大学生网络创业联合课程群和跨境电商

六、成果获奖

(一)教师技能大赛获奖

电子商务物流管理课程设计荣获全国商科教育课程设计大赛二等奖,见图 5-18。

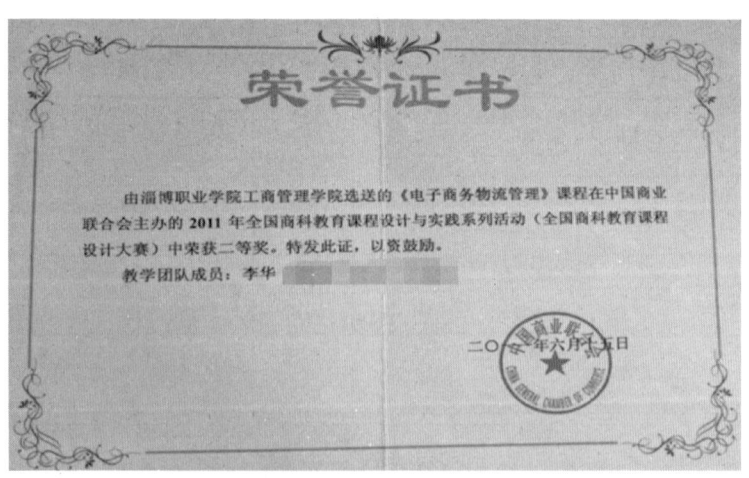

图 5-18 电子商务物流管理课程设计荣获二等奖

电子商务物流管理课程建设实践教学方案设计荣获全国商科教育实践教学大赛三等奖,见图5-19。

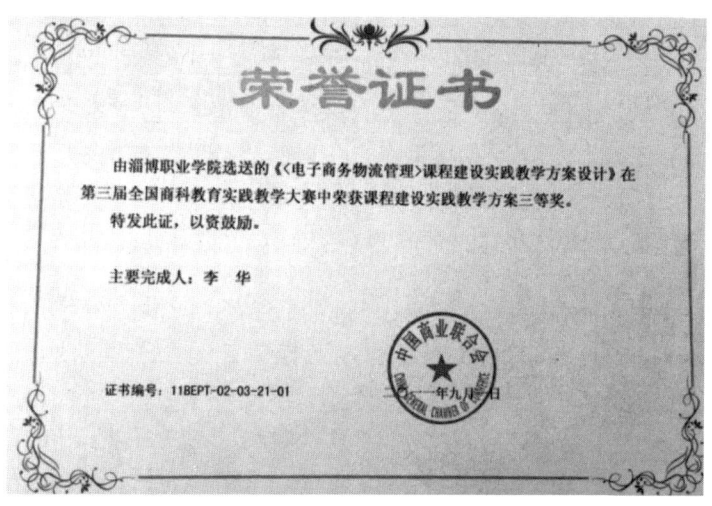

图5-19 电子商务物流管理实践教学方案荣获三等奖

(二)学生技能大赛获奖

从2009年到2017年,学生在参加的一系列省级和国家级技能大赛中多次荣获一等奖,具有代表性的参赛作品包括:校园商城易知网推广策划方案、淄博与非门动画设计有限公司网络推广方案、田横特色产品网络贸易策划书、御泥坊网上代销店铺策划方案、海尔商城网络推广策划方案等,见表5-1和图5-20。

表5-1 学生荣获一系列大赛的一等奖

序号	大赛级别	比赛时间	大赛项目	成绩
1	国家级	2010.5	第三届"e路通"杯全国大学生网络商务创新应用大赛	一等奖
2	国家级	2010.8	第二届全国高职高专大学生管理创意大赛	金奖
3	国家级	2010.10	第四届全国商科院校技能大赛移动商务竞赛	一等奖

续表

序号	大赛级别	比赛时间	大赛项目	成绩
4	省级	2010.6	2010年山东省电子商务专业大赛	一等奖
5	国家级	2011.5	第三届全国高职高专大学生管理创意大赛	一等奖
6	国家级	2011.7	(首届)海峡两岸建行"e路通"杯全国大学生网络商务创新应用大赛	一等奖
7	国家级	2012.9	2012年全国大学生网络商务创新应用大赛	一等奖
8	国家级	2012.11	2012年全国大学生全国商科院校移动商务大赛	一等奖
9	国家级	2013.7	2013年全国职业院校市场营销技能大赛	一等奖
10	省级	2015.12	2015年山东省职业院校技能大赛电子商务技能竞赛	一等奖
11	省级	2016.12	2016年山东省职业院校技能大赛电子商务技能竞赛	一等奖
12	国家级	2017.12	2017年第十届全国职业院校创业技能大赛	一等奖

第二节 社会服务方面的实施效果

"创业导向,产教融合"的人才培养在社会服务方面的推广应用也取得了可喜的成果,产生了广泛的社会影响,实现了职业教育服务地方的目的。

一、自主创业项目

2011级学生创建了创业平台:淄博职业学院欧瑞格电子商务校企合作中心(www.zbvc.org),该平台具有孵化创业成果的功能,把学生的创新创业项目推荐给相关企业,搭建学生和企业间的合作桥梁。另外,向社会风险投资基金推荐大学生创业项目,检验辅助学生创业,见图5-20。

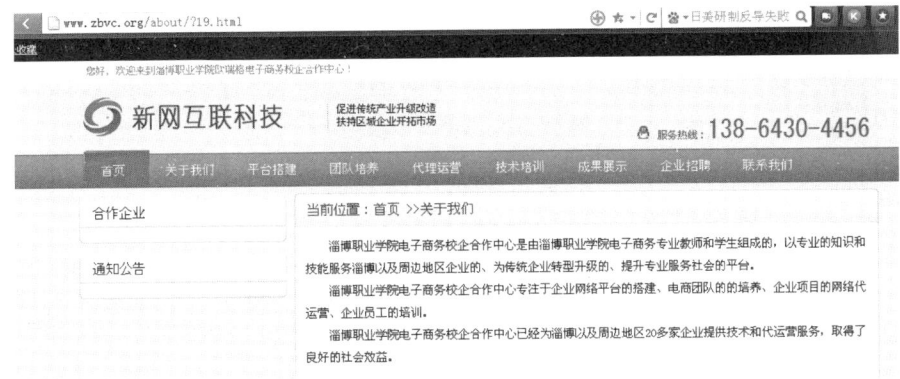

图5-20 淄博职业学院欧瑞格电子商务校企合作中心

另外,2014级学生马文正同学在成功开设第一家网店的基础上,从一家店铺成功扩大到四家店铺,在资金规模不断扩大的同时,在大二第二学期正式成立了自己的电子商务公司"安丘市鼎正电子商务有限公司"。同时,他在家乡的大学生创业孵化基地申请了办公场所,成立了自己的工作室,这标志着他在创业的路上勇敢地迈出了一大步。在这个"互联网+"时代,他凭借扎实的理论功底和坚持不懈的努力,怀揣着美好的创业梦想,抓住国家对大学生创新创业大力支持的大好机遇,顺势而为,勇往直前!

二、业务推广项目

学生承担的搜索引擎优化项目包括:淄博中和云龙机械制造有限公司优化项目、淄博哈雷电力科技有限公司优化项目、淄博惠康工贸有限公司优化项目、淄博博山圣水源机械制造厂优化项目等,见图5-21—图5-24。

(1) 优化负责人：工商管理学院电子商务专业 P11 电商 2 班
(2) 优化任务：把"螺旋螺纹换热器""管壳式换热器""螺旋换热器""螺旋管式换热器""缠绕式冷凝器"优化到百度自然排名的首页
(3) 优化效果

关键词	出现频率	2%≤密度≤8%	百度指数	百度排名（历史）	预估带来流量（IP）
螺旋螺纹管换热器	4	3.8%	查询	1,49	0
管壳式换热器	3	2.2%	90	25	0
螺旋换热器	1	0.6%	查询	34	0
螺旋管式冷凝器	1	0.8%	查询	1,6,24	0
缠绕式冷凝器	1	0.7%	查询	1	0

图 5-21　淄博中和云龙机械制造有限公司优化项目

(1) 优化负责人：工商管理学院电子商务专业 P11 电商 1 班
(2) 优化任务：把"智能电容器""无功补偿""谐波抑制""哈雷电力""哈雷电器"等优化到百度自然排名的首页
(3) 优化效果

关键词	出现频率	2%≤密度≤8%	百度指数	百度排名（历史）	预估带来流量（IP）
智能电容器	3	2.1%	查询	11	0
无功补偿	7	4.0%	271	100 名以外	0
谐波抑制	1	0.6%	查询	20	0
哈雷电力	3	1.7%	查询	1,15,16,19,21	0
哈雷电器	1	0.6%	查询	5,10,19,20,21	0
HLDL-6	1	0.9%	查询	1,2,3,4,5	0
HLDL-6000B	0	0.0%	查询	1	0
HLDL-6002	0	0.0%	查询	1	0
HLDL-6012A	0	0.0%	查询	1	0

图 5-22　淄博哈雷电力科技有限公司优化项目

(1) 优化负责人：工商管理学院电子商务专业 P11 电商 1 班
(2) 优化任务：把"微电机""淄博微电机""博山微电机"优化到百度自然排名的首页
(3) 优化效果

关键词	出现频率	2%≤密度≤8%	百度指数	百度排名（历史）	预估带来流量（IP）
微电机	7	1.9%	119	4	8～11
淄博微电机	1	0.5%	查询	1	0
博山微电机	1	0.5%	61	1	39～67

图 5-23　淄博惠康工贸有限公司优化项目

(1) 优化负责人：工商管理学院电子商务专业 P11 电商 1 班
(2) 优化任务：把"辊式破碎机""双滚破碎机""山东破碎机"优化到百度自然排名的首页
(3) 优化效果

关键词	出现频率	2%≤密度≤8%	百度指数	百度排名（历史）	预估带来流量（IP）
辊式破碎机	6	2.5%	63	13	0
双棍破碎机	12	4.9%	62	1	40～68
山东破碎机	4	1.6%	查询	5	0
淄博博山圣水源机械制造厂	5	4.9%	查询	1,30,32,39,40	0

图 5-24　淄博博山圣水源机械制造厂优化项目

另外，学生还承担了山东赛特新材料股份有限公司的天猫旗舰店代运营、淄博汇宝电器有限公司天猫旗舰店代运营等业务推广项目。

三、"互联网+农业"项目

学生在"互联网+农业"领域也取得了成功。2016—2017 年，2013 级学生韩梅开设了"平邑县源丰家庭农场"网店(https://shop198385330.taobao.com),并注册了商标品牌"怡品贤果"为全村销售农产品,每天有上百单的订单,销量节节上升,极大地带动了当地农村电商的发展,2017年参加了山东省新型职业农民产品展,并被山东农科频道报道,见图5-25。

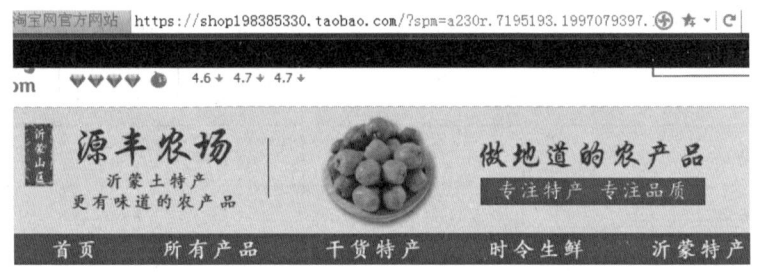

图5-25 源丰农场

四、信息服务项目

2017年"双十一",学生为苏宁易购担任品牌客服专员。"双十一"当天,苏宁易购官方旗舰店总销售额高达60亿元,学生承担了其中3亿元销售额的客户咨询和服务工作,占客服总工作量的5%。平均每位学生接单800次,单笔订单二十余万元,见图5-26。

图5-26 学生承担苏宁易购"双十一"项目

第三节 学生就业方面的实施效果

从高等教育管理数据与解决方案的专业机构麦可思数据有限公司的《淄博职业学院应届毕业生培养质量评价报告》中历年的数据(2008—2017年)可以看出,电子商务专业的毕业生在毕业一年后的就业率、月收入、工作相关度、就业满意度这些反映人才培养质量和就业竞争力指标从2008年到2017年稳步上升,就业率从2008年的80%上升到2017年的96%,月收入从1164元上升到4074元,工作相关度从25%提高到61%,就业满意度上升到71%。总体来看,从2008年的低于全国示范性高职院校毕业生的平均水平逐步上升,并且就业竞争力在2013—2017年超过全国示范性高职院校毕业生的平均水平。与此同时,毕业生的就业竞争力排名稳步提升,见表5-2和表5-3。电子商务专业已经成为淄博职业学院招生的较热门的专业。

尽管毕业生的工作相关度在持续上升,2017年达到了61%,但是工作相关度仍然低于全国示范性高职院校毕业生的水平。追根溯源,毕业生认为职业不符合期待的主要原因均是不符合自己的职业发展规划和兴趣爱好。

另外,毕业生的离职率随着就业率的上升并没有显著下降,而是逐年上升,从2008年的23%上升到了2017年的57%,主要原因是"个人发展空间不够""薪资福利偏低""想改变职业或行业",离职率偏高可能和毕业生初次就业质量不高有关。建议学校加强职业前瞻教育,提高毕业生对未来的职业认知,引导毕业生合理规划自身职业发展。同时引导毕业生理性对待未来职场,摆脱初入职场的盲目心态,更合理地选择工作。

表5-2 淄博职业学院2011届各专业毕业半年后就业竞争力排名

专业名称	就业竞争力排序	就业竞争力指数（%）	毕业半年后的就业率（%）	毕业半年后的平均月收入（元）	毕业时掌握的基本工作能力（%）	就业现状满意度（%）
本校平均	—	—	94.1	2333	47	59
全国示范性高职	—	—	94.6	2749	47	53
电子信息工程技术	1	95.8	92	2600	67	76
汽车检测与维修技术	2	89.8	97	2769	49	70
电力系统自动化技术	3	88.4	94	2852	47	68
应用化工技术	4	87.4	98	2829	44	66
市场营销	5	86.9	96	2756	43	69
财务信息管理	6	86.2	100	2214	53	67
应用韩语	7	84.2	98	2395	49	62
热能动力设备与应用	8	84.1	100	2404	50	59
数控技术	9	82.1	93	2844	45	52
报关与国际货运	10	81.8	91	2854	49	48
工程造价	11	81.7	99	2409	44	59
会计	12	81.5	98	2139	47	63
电子商务	13	80.1	98	2437	45	53
护理	13	80.1	96	1830	51	64
药学	15	79.6	95	2337	48	53
计算机应用技术	16	79.1	93	2219	49	55
电气自动化技术	17	79.0	80	2550	47	58
动漫设计与制作	18	78.8	96	2554	48	44
物流管理（工商管理学院）	19	78.3	96	2320	46	51
机械制造与自动化	20	77.7	100	2598	44	41
生物制药技术	21	77.2	94	2364	46	48

续表

专业名称	就业竞争力排序	就业竞争力指数（%）	毕业半年后的就业率（%）	毕业半年后的平均月收入（元）	毕业时掌握的基本工作能力（%）	就业现状满意度（%）
机电一体化技术	22	75.4	91	2612	42	43
模具设计与制造	23	75.1	95	2732	40	38
临床医学	24	73.6	85	1764	53	52

数据来源：麦可思《淄博职业学院应届毕业生培养质量评价报告》

表5-3 淄博职业学院2013届各专业毕业一年后就业竞争力排名

专业名称	就业竞争力排序	就业竞争力指数（%）	毕业一年后的就业率（%）	毕业一年后的平均月收入（元）	毕业时掌握的基本工作能力（%）	就业现状满意度（%）
本校平均	—	—	95.0	3058	52	65
全国示范性高职	—	—	93.6	3099	51	61
热能动力设备与应用	1	94.1	100	3439	63	72
建筑工程技术	2	91.9	96	3896	57	65
汽车技术服务与营销	3	91.0	100	3691	47	84
软件技术	4	90.0	98	4125	45	70
电力系统自动化技术	5	89.3	95	3278	57	75
应用化工技术	6	89.0	96	3619	51	73
电子商务	7	88.6	96	3190	55	77
汽车电子技术	8	88.3	95	3635	51	70
工业分析与检验	9	88.0	100	3063	50	81
市场营销	10	87.3	99	3773	46	61
护理	11	85.9	96	2525	58	78
机电一体化技术	11	85.9	96	3324	51	64
汽车检测与维修技术	13	85.2	94	3264	57	51

续表

专业名称	就业竞争力排序	就业竞争力指数（%）	毕业一年后的就业率（%）	毕业一年后的平均月收入（元）	毕业时掌握的基本工作能力（%）	就业现状满意度（%）
电子信息工程技术	14	83.9	95	3254	52	53
动漫设计与制作	14	83.9	93	3623	51	46
物流管理	16	83.8	96	3009	51	63
旅游管理	17	83.7	95	3188	51	57
药学	18	83.6	96	2794	53	65
生物制药技术	19	83.0	92	2986	51	68
工程造价	20	82.9	95	3080	50	59
助产	21	82.7	94	2458	52	80
会计	22	82.6	96	2691	53	62
报关与国际货运	22	82.6	93	3139	49	62
机械制造与自动化	24	82.3	94	3521	48	45
财务信息管理	25	81.7	98	2575	50	64
计算机应用技术	26	80.7	95	3084	45	57
临床医学	27	79.0	90	2487	57	51
食品营养与检测	28	78.7	86	2956	52	53

数据来源：麦可思《淄博职业学院应届毕业生培养质量评价报告》

第六章

"层次贯通制"的高职电子商务人才培养的现代职业教育体系的构建

本书前半部分是在微观层面上对高职电子商务人才培养进行研究,用"创业导向,产教融合"的方法解决人才培养的教学问题。从本章开始,本书将从宏观视角上对高职电子商务人才培养进行研究,用构建"层次贯通制"的高职电子商务人才培养的现代职业教育体系的方法来解决高职电子商务人才培养如何在淄博区域经济社会发展的总体格局中实现与区域经济的和谐发展,以确保人才教育事业的健康发展和壮大。研究主要解决以下问题:

第一,解决高职电子商务人才教育如何与淄博区域经济的结构特点和发展过程中的良性互动问题。

第二,解决淄博区域产业的现有电子商务技能型人才的结构与合理的电子商务技能型人才的结构之间的差异,在与中职教育和普通高等教育的共同进步中,以"层次贯通制"的人才教育找到高职电子商务人才培养的发展空间。

第三,解决"层次贯通制"的电子商务人才教育改革创新服务区域经济发展的有效途径和体制。

第一节 淄博市电子商务人才教育服务区域经济的现状研究

一、高职电子商务人才教育对淄博区域经济增长影响的实证研究

高等职业院校的办学方向怎样才能和区域经济的结构特点和发展方向实现前进过程中的良性互动,怎样在与中等职业教育和普通高等教育的共同进步中找到自己的发展空间,是一个需要在实践的基础上进行深入研讨的问题。

该部分研究的数据收集从 2005 年开始,因为我们国家 2001 年才在全国 13 所本科院校开设电子商务专业,2005 年才有第一届毕业生,所以,数据的收集时间从 2005 年开始。

该部分研究基于经济增长理论,收集 2005—2017 年淄博市高等教育规模的相关数据,分析高职电子商务人才的教育规模对淄博区域经济发展的影响和相互作用,并运用包含人力资本的全要素生产函数验证电子商务高职教育对经济增长的影响。

同时,收集 2005—2017 年淄博"五区三县"的人口数、高校招生数、GDP 与高校数,以及 GDP 与高校在校生数进行简单的皮尔逊相关性分析,并从人口和经济发展的角度上,分析 13 年来淄博高校的布局结构变化与人口和经济发展的相关性。

另外,计算 2005—2017 年淄博劳动力人口的文化程度分布情况、人均受高等教育的年数、劳动力群体的教育综合指数等,分析现有的电子商务人才的结构。

根据以上思路,本部分研究从实证分析的角度,重点利用包含人力资

本的全要素生产函数——卢卡斯扩展模型,采用淄博市第6次人口普查的数据以及2005—2017年《淄博统计年鉴》《教育统计年鉴》等数据对淄博2005—2017年间的物质资本存量及中职、高职、本科电子商务人力资本存量进行计量分析。

研究结果表明,对劳动力要素的分析,淄博经济发展中各生产要素的配置不合理,物质资本的利用效率和边际生产力较低。劳动力投入是经济增长的关键,电子商务人力资本对淄博经济增长贡献较少,没有在经济增长中充分发挥作用。对电子商务人才的人力资本作用的分析,中职、高职和本科人力资本存量的产出弹性分别是 -0.2274、0.1558、0.0596,高职教育对经济发展的产出弹性最大,本科教育次之,而中职教育对经济的影响是负面的。同时可以发现,人力资本存量的产出总弹性为 -0.0143,这充分说明淄博整体的电子商务人才的人力资本存量不仅不能促进经济发展而且对经济是反向拉动的。相比而言,高职电子商务人才对经济发展做出了一定的贡献。因此,从整体上看,淄博经济发展中没有充分发挥电子商务人力资本的作用。经过深入研究,发现根本原因如下:

第一,电子商务人才的结构已不能满足淄博区域经济的发展和产业结构的调整及升级的需要。

在第一章第四节分析中已经探讨过,随着淄博区域经济的发展和产业结构的调整及层次升级,目前单一的中职、高职和本科的人才结构已不能满足市场需要,在此不再赘述,实证研究的结果显示,人力资本存量的产出总弹性为负值(-0.0143)也与此相吻合。

第二,淄博高校的布局结构与人口、经济发展的相关性不协调。

为证实淄博高校数、电子商务在校生数与区域人口和经济的相关性,运用SPSS统计软件对2005—2017年淄博地区的人口数与高校数、人口数与电子商务在校生数、GDP与高校数、GDP与电子商务在校生数、电子商务招生数与高校数进行了简单皮尔逊相关性分析,结果表明:皮尔逊相关性系数由低到高,分别是 $0.677-0.823$、$0.661-0.776$、$0.770-0.854$、

0.799—0.842、0.969—0.959,这说明高校数的设置以及电子商务在校生数与人口总量和GDP的相关性渐强,不仅逐渐适应了人口总量和区域经济发展的需要,同时也受到制约。

另外,电子商务招生数与高校数的相关性系数均在0.9以上,说明前者受到后者的限制,也说明单所高校的规模有一定的限度,生均成本不会无限降低,当在校生达到一定规模后,生均成本不一定降低而可能会增加,淄博高校的布局结构决定了电子商务的年招生数。

所以,通过以上分析,区域人口和区域经济的发展水平都已成为影响电子商务人才的决定性因素。但是实证结果显示,历年人口数和GDP与高校数、电子商务在校生数的皮尔逊相关性系数均在0.9以下水平,这说明各因素之间的相关性并不协调,这制约了电子商务人才的教育水平,因此,淄博高校的布局结构需要进一步调整。

本部分研究把对淄博电子商务人才的调研结果放在淄博经济社会发展的总体格局中进行考量,指出目前淄博高职电子商务人才教育与区域经济发展之间存在的不协调性。根据实证分析的结果,提出应针对区域经济的特点,平衡要素产出,推进经济发展;系统整合教育资源,合理安排高校布局和层次分级;适应淄博区域经济的发展,进一步大力发展高职教育,改革人才培养模式,建立与区域经济发展相适应的层次贯通的高职电子商务人才培养模式。

该部分的部分研究结果已公开发表论文,详情见《高职电子商务人才教育服务淄博区域经济发展的现状研究》(载《今日财富》2011年第9期)。

二、电子商务人才结构服务淄博区域经济发展的贡献、差异、实质、成因的分析

本部分研究利用柯布-道格拉斯生产函数来实证研究淄博市电子商务人才教育对经济增长的贡献率,以分析现有的电子商务人才的结构服务淄博区域经济发展的贡献、差异、实质和成因。

1. 模型选择

(1) 本书选择目前国际上广泛采用的计算教育对经济增长贡献率的模型来进行研究,模型如下:

$$Ce = \beta Re/y \tag{1}$$

(2) 确定劳动产出弹性系数 β 和劳动简化率。本书采用丹尼森的 0.73,它也在我国经济部门确定的范围之内。为了增加可比性,本书采用了丹尼森"工资收入法"。同时,本书探讨的三级教育(中职电子商务人才教育、高职电子商务人才教育、本科电子商务人才教育)借鉴崔玉平和李洪天的结果分别取 1.4、2 和 2。

(3) 数据描述。考虑到数据的权威性和可获取性以及可比较性,本书选取淄博市第 6 次人口普查数据来分析电子商务人才教育对经济增长的贡献率,以分析现有的电子商务人才的结构。劳动力人口的范围采用国际通行的标准即 15—64 岁,以反映劳动力人口的受教育情况。

2. 实证分析

(1) 根据第 6 次淄博人口普查资料和 2005—2017 年《淄博教育统计年鉴》中的数据计算整理得到 2005 年、2017 年淄博 15—64 岁劳动力人口的文化程度分布状况,计算出各级文化程度的比例。2005 年,中职电子商务人才、高职电子商务人才和本科电子商务人才的比例分别是 0.012%、1.14% 和 0.002%。2017 年,中职电子商务人才、高职电子商务人才和本科电子商务人才的比例分别是 1.97%、4.961% 和 1.513%。

(2) 计算出 2005 年、2017 年淄博 15—64 岁劳动力人口的人均受电子商务教育的年数分别是 0.0063 和 0.533。

(3) 计算出 2005—2017 年淄博本科、高职、中职电子商务人才教育的综合指数年均增长率在教育综合指数年均增长率中的比例分别是 2.91%、85.44% 和 11.65%。

(4)计算出本科、高职、中职电子商务人才教育对经济的贡献率分别是 0.0212%、7.9%、0.00257%。

从实证研究的结果可知,2005—2017 年,高职电子商务人才教育对经济的贡献率最大,本科次之,中职最小,仅为 0.00257%。同时可以发现,电子商务人才的结构在 2005—2017 年缓慢增长,年均增长率只有 1.35%。其中本科为 4.74%,高职为 1.96%,中职为 1.41%。

通过实证分析,得到了两个基本结论。第一,电子商务人口的教育结构与产业结构的关系密切相关。人口的教育结构决定了劳动力的供给结构,从而决定了各行业的规模、质量和效率,进而决定了产业结构的水平;第二,产业结构决定了劳动力的需求结构,进而决定了人口的教育结构,所以,人口的教育结构与产业结构相辅相成,紧密相关。有数据显示,人口结构水平每上升 1%,就可以提高产业结构水平 5.12%。

根据实证研究结果,提出以下建议:

第一,除了保持高职和本科人才教育适度超前发展外,更重要的是要加快中职教育的发展步伐,全面提高其发展层次,使其向高职和本科层次转移,这可以较大幅度地提高电子商务人才教育的综合指数年均增长率,从而提高淄博电子商务人才教育对经济的贡献率。

第二,随着电子商务的发展,电子商务人才教育有非常大的发展空间,但应该把提高办学质量和优化办学结构作为重中之重,防止招生数量和规模的盲目扩张,要真正使电子商务人才教育为淄博经济逐步走上知识技术型的经济轨道做出贡献。

该部分的部分研究结果已公开在 CSSCI 期刊发表论文,详情见《淄博市电子商务人才教育对经济增长贡献的实证研究》(载《高等工程教育研究》2015 年第 4 期)。该成果荣获"淄博市自然科学优秀学术成果二等奖",详情见第七章第六节成果获奖中的图 7-6。

三、高职电子商务人才教育的发展对淄博高等教育资源整合的需求分析

根据前面实证研究的结果可知,目前淄博地区现有的电子商务技能型人才的人力资本存量不仅不能促进经济发展而且对经济是反向拉动的。这主要是因为目前的电子商务初、中、高技能人才的结构比例为23∶63∶14,这与合理的人才结构比例15∶50∶35之间存在着一定差距,从而降低了人才结构与区域经济结构、产业结构的契合度。究其原因,这不仅是因为淄博高校的布局结构与人口、经济发展的相关性不协调,而且也因为长期以来,淄博地区的办学体制和管理体制的分割,使得中职教育、高职教育、应用型本科教育、企业行业、社会培训体系之间普遍存在自成体系和相互脱节的现象,这直接导致了教育资源的浪费。

另外,目前,山东省和淄博市实施的"五年一贯制""3+2"或"2+3"电子商务专业的中高职贯通模式只在部分院校试点,由中职毕业升入高职院校的招生比例仅为毕业生的5%以内,95%的中职毕业生无缘高职教育。中职教育的终结性从教育体制上剥夺了中职学生进一步接受高职教育和应用型本科教育的权利,同时也让他们失去了提升职业层次的教育机会。另外,也使得企业在招收高级技术工人时面临着人才匮乏的局面。

但是,区域经济的发展和产业结构的调整及升级需要多层次、多元化的技能型人才,这需要创新人才培养机制,为满足技能型人才提高职业岗位层次的需要提供更多的教育机会,这就要求我们整合教育资源,构建中职、高职、应用型本科、行业企业和社会培训机构一体化的大职业教育平台,形成"层次贯通"的现代职业教育体系,为彻底改变教育的终结性、扭转人才供给与社会需求契合度低的局面而迈出实质性的一步。

所以,整合教育资源是发展淄博地区电子商务人才教育的必然选择,是职业教育服务区域经济发展,实现与区域产业结构耦合的必由之路。

第二节 "层次贯通制"的高职电子商务人才培养的可行性分析

一、从高职教育发展的理论层面看

"以人为本,促进人的全面发展"是科学发展观的重要内容。加快发展中职、高职和应用型本科教育贯通的高职教育,建立现代职业教育体系,为推进淄博产业结构升级和企业转型提供高技能人才,完全符合"以人为本"的科学发展观的执政理念。

二、从高职教育发展的政策层面看

"层次贯通制"的高职教育是淄博市打造高职教育强市的一个发展目标,是淄博市政府提高高职教育服务区域经济发展的能力而提出的一项重要举措,这为发展"层次贯通制"的高职电子商务人才教育提供了政策支撑。

三、从电子商务专业的专业特点层面看

"层次贯通制"的高职电子商务人才教育是在对淄博市电子商务人才需求进行广泛调研的基础上,在电子商务职业教育集团统筹办学的背景下确定的,并有电子商务行业企业和相关行业企业做支持。众所周知,电子商务专业具有职业技术含量高、专业技能要求高、职业岗位需求量大且发展迅速的特点。正是由于这些特点和专业技术内涵的不断提升,市场需要多层次的电子商务人才,在电子商务专业实施中职教育、高职教育与应用型本科教育的贯通确有现实的可行性和可操作性。

第三节 "层次贯通制"的高职电子商务人才培养的现代职业教育体系的构建

一、"层次贯通制"的高职电子商务人才培养的内涵和特色

高职院校是目前我国承担高职教育的主体,现在尚未存在真正意义上的本科层次和研究生层次的职业教育。因此,打通当前高职教育阶段的断头路,是拓展"后中高职贯通阶段"人才培养空间的必然选择。

"层次贯通制"的高职电子商务人才培养模式既与普通高等教育相协调,又与中职教育相贯通,是与市场需求紧密结合、结构合理、自主发展的"立交桥式"的现代职业教育体系,也就是中职、高职到应用型本科的"层次贯通制"的人才培养模式。它会为我国高职教育强化质量,办出特色,摆脱"次要教育"的尴尬处境迈出实质性的第一步,为其走向可持续发展的道路提供参考。

二、"层次贯通制"的高职电子商务人才培养的意义

"层次贯通制"的高职电子商务人才培养不仅是淄博区域经济协调和可持续发展的需要,也是深入实施黄河三角洲大开发战略的需要,更可为全国区域高职教育的改革提供参考。

第一,奠定了淄博高职电子商务人才教育可持续发展的理论和实践基础。淄博高职电子商务人才教育要遵循教育规律,主动适应经济规律的运行机制,优化资源配置;主动适应区域经济的发展,使高职教育和区域经济互为条件,和谐可持续发展。要在努力提高人才培养质量的同时,做实专业特色,把电子商务专业打造成"名优土特产品",提高高职电子

商务人才服务区域经济发展的能力。

第二,为在市场经济条件下的高职电子商务人才教育和市场需求保持动态平衡提供依据。区域经济发展中,较为理想的状态应是人才培养的质量、数量和层次等与市场需求保持动态平衡。所以,高职电子商务人才教育应以此为教育理念,始终与人才供给与区域经济的发展格局和产业结构的需求曲线保持同步发展。

第三,充分尊重区域经济运行的规律,前瞻性地构建了"层次贯通制"的高职电子商务人才教育发展的整体框架,为淄博"三化"进程和"和谐淄博"的发展提供电子商务人才资源和技术支撑,为"黄三角"的大开发奠定人才基础。

第四,"层次贯通制"的高职电子商务人才培养模式实现了高职教育在自主创新中培养人才,在贡献力量中提高质量,在服务区域经济中体现价值。对于推动淄博区域高职教育改革,指导高校有效服务区域经济,为构建"统一""开放""竞争""有序"的现代职业教育体系提供了参考。

三、"层次贯通制"的高职电子商务人才培养的现代职业教育体系的构建

(一)培养目标的确定

实现中职、高职和应用型本科电子商务人才教育的贯通,首先要进行培养目标的定位,只有目标明确了,才能做好贯通工作。这三种教育在培养目标和培养模式上既有一致性,又有着层次上的差别。根据人才调研结果(详情见附录中的"电子商务职业岗位(群)调查表"),分别确定了这三种教育的人才培养目标,如下:

中职教育的培养目标:培养德、智、体全面发展的,牢固掌握必需的科学文化知识和专业知识,具有电子商务综合职业能力和全面素质的实用型、技能型初中级人才,也就是培养面向电子商务运营一线服务岗位的技能型操作人才。

高职教育的培养目标:培养德、智、体全面发展的,生产、管理、服务等

电子商务行业和其他相关行业第一线的高级应用型专门人才,能熟练利用计算机信息技术从事企业电子商务活动或相关工作的高技能现代商务人才,也就是培养面向电子商务运营领域的高级技能型人才。

应用型本科教育的培养目标:面向中小企业,培养具有电子商务系统设计与管理能力、网络营销策划与管理能力、网站建设与管理能力、电子商务综合应用与管理能力等的电子商务应用者和管理者。

(二)"层次贯通制"的中职、高职、应用型本科电子商务人才培养框架的构建

根据培养目标,"层次贯通制"的中职、高职、应用型本科电子商务人才培养框架是按照从中职的电子商务运营通用能力的培养向高职的专业能力的提升,再提升到应用型本科的策划管理综合能力的培养路径来构建,见图6-1。

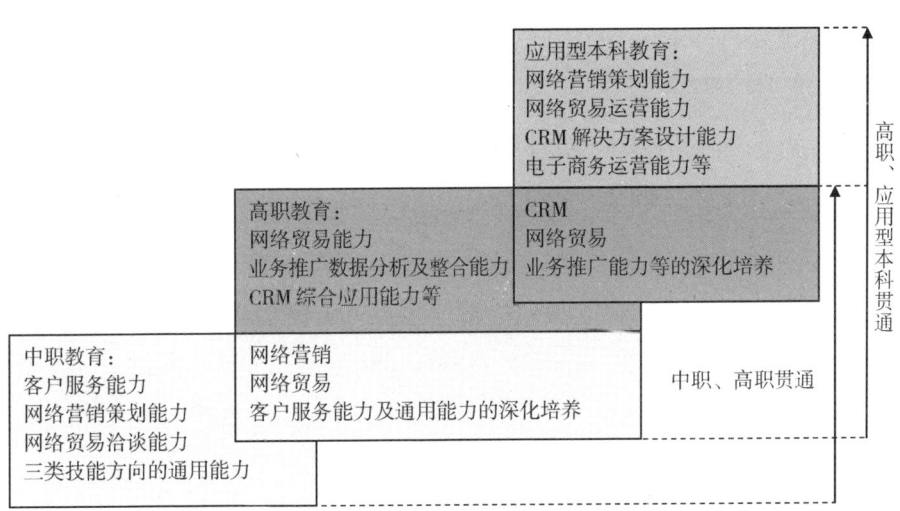

图6-1 "层次贯通制"的中职、高职、应用型本科电子商务人才培养框架

(三)课程体系的构建

课程体系的构建是根据人才调研结果对人才职业能力的需求、各层次人才的培养目标和图6-1的人才贯通框架来设置相关课程。其中,高职教育的课程体系的构建在第四章第三节已经探讨过,在此不再赘述。

1. 中职教育的课程体系的构建见图6-2。

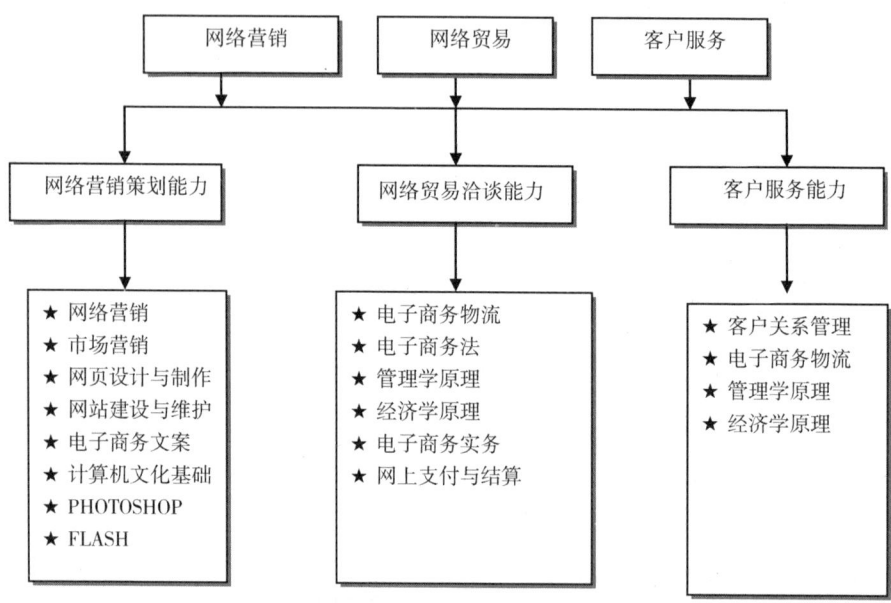

图6-2 中职教育的课程体系的构建

2. 应用型本科教育的课程体系的构建见图6-3。

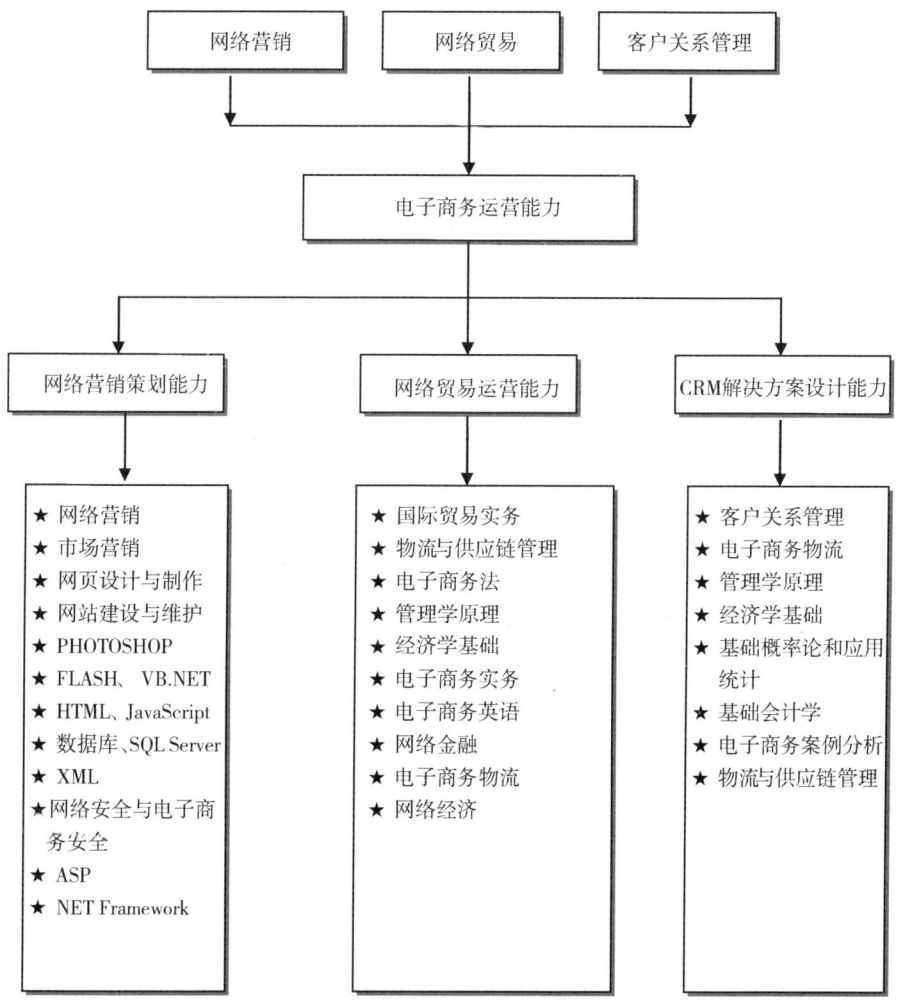

图6-3 应用型本科教育的课程体系的构建

第七章

"层次贯通制"的高职电子商务人才教育服务区域经济的机制研究

第一节 产教融合模式下的机制改革与创新

一、实行以人为本的政策机制

本书进行了大量的调研工作,情况显示:当前制约高职教育贯通的主要是政策性障碍。这些政策性障碍主要包括两方面:首先,从教育主管部门的政策和计划来看,淄博市中职毕业生和高职毕业生升入全日制高等学校的指标比例仅为5%,包括成人高考在内,95%的中职生和高职生都没有升学的机会。另外,由于普通高校的扩招,淄博市普通高中的升学比例高达80%,其吸引力远超中职和高职,近年来普职比接近7:3。倾斜于普通教育的招生计划和政策导向对中职、高职和应用型本科在招生上的良性贯通造成很大困难。其次,目前对高职的评估标准仍倾向于学生的学科知识水平,无益于高职技能型人才的培养,对于以动手操作能力见长的中职毕业生而言,或许会因为学科知识水平较低而遭到高职院校的拒绝,这无疑是另一个隐秘而不可忽视的障碍。

因此,淄博市教育行政部门在政策和资源等方面要给予更具实质性的支持,要出台相应的政策保障措施,要明确该培养模式是一种中职、高职和应用型本科教育贯通育人的模式。这种模式缩短了学制,节约了教育资源。另外,要重点关注学生的自身发展。在培养过程中,对于那些不适合这种培养模式或不愿意继续学习的学生从政策上要保证他们能够转入其他同层次学校或相关专业学习,给那些谋求掌握专业技能的学生多提供一些选择的机会,从而有利于他们的成长和成才。

二、利用职教集团进行人才培养

目前,中职教育由于规模较小、层次较低,很难在校企合作方面取得较大发展。一些技术含量较高、实力较强的企业也没有兴趣和中职教育合作。中职教育、高职教育和应用型本科教育的统筹发展,可以有效打破这一不利于中职教育发展的局面。淄博的主要做法是组建职业教育集团,坚持以优势产业为依托,以提升产业核心竞争力为目标,以具备条件的本科院校和高职院校为龙头,以产业领域内的规模企业和中职院校为主体,以项目合作和专业群建设为纽带,以自愿和互利共赢为原则,努力构建产、学、研共同发展的深度协作机制。

职教集团化办学的最大优势是使校企合作的广度和深度能够得到最大程度的拓展,为人才培养提供机制健康、内容丰富的教育环境。集团化办学的纵向发展为中职教育、高职教育、应用型本科教育的层次贯通提供了实质性的保障,为人才教育层次的逐级向上延伸提供了可能。

早在 2007 年 6 月 18 日,淄博市先后成立了淄博市创业职业教育集团、建筑职业教育集团和机电职业教育集团。目前,会员单位将近 200 家,其中职业院校 37 家,企业、行业、协会 150 家左右。这些职教集团的成立旨在通过校校合作、校企合作、工学结合等多种形式实现校企双赢,为推进区域经济的发展培养合格人才。这为推动淄博职业教育办学的规模化、集约化和连锁化发展迈出了实质性的第一步。此项改革举措适应了我国职业教育快速发展的需求,为实现资源优化配置、优势互补,建立起以职业能力为核心的"层次贯通制"的高职电子商务人才教育提供了有效的贯通机制。

2011年,借鉴前期集团化办学的经验,淄博市再次大力推行职业教育集团化办学,并于2012年7月,由淄博职业学院牵头成立了淄博职业教育集团,见图7-1、图7-2、图7-3,拟在职教集团内统筹试点中职教育、高职教育与应用型本科教育的贯通。集团是由区域内外部分应用型本科院校、中高职院校、行业协会、科研院所、企业等单位在平等、自愿的基础上共同组建的,具有联合性、互利性、非营利性特点的职教联合体,现有成员单位99家,经营业务范围涵盖化工、机械、电子、制药、建筑、交通运输、文化艺术等17大产业领域。集团成立以来,积极探索集团化办学模式与运行机制。到2017年,经过5年的建设与发展,集团各成员单位之间理解互信明显加深、合作项目不断增多、合作内涵不断深化、合作成效日渐显著,集团作用逐步显现。2017年10月,淄博职业教育集团成功入选"山东省骨干职业教育集团名单"并位列第二,见图7-4。

此次入选山东省骨干职业教育集团,标志着淄博职教集团化办学又迈出了坚实的一步。集团将以此次入选为契机,进一步优化治理结构,完善办学机制,深入推进产教融合,校企合作,不断提升技术技能型人才的培养质量,增强服务区域经济发展的能力。

<<< 第七章 "层次贯通制"的高职电子商务人才教育服务区域经济的机制研究

图 7-1 淄博职业教育集团

图 7-2 淄博职业教育集团章程（一）

第二章 业务范围

第五条 集团主要业务范围

(一) 共享资源，合作办学。围绕人才培养、共建实训基地、合作培养师资、开发课程和教材、学生顶岗实习、现代学徒制等

开展形式多样的深度合作办学实践，推进办学模式、培养模式、评价模式改革，促进产业链、岗位链、教学链深度融合。健全专业设置随产业发展动态调整机制，不断适应经济社会对技术技能人才结构、规格和质量的要求。加强以集团各方"利益链"为纽带，集生产、教学和研发等功能于一体的生产性实训基地和技术创新平台建设，丰富优质教育教学资源，促进校企双赢发展。

(二) 搭建人才培养立交桥。利用集团较为完整的产业链，推动技术技能型人才系统培养，加速形成符合产业链不同层次需求的技术技能型人才队伍。以健全课程衔接体系为重点，推动人才培养目标、专业布局、课程体系、教育教学过程、行业指导、校企合作等方面有效衔接，合理定位、协同创新、共同发展，探索适合产业发展的人才培养途径。强化校校合作，贯通培养，系统培养高素质技术技能人才。完善"文化素质+职业技能"考试招生办法，健全中职与本科"3+4"、高职与本科"3+2"、初中后"三二连读""五年一贯制"等培养模式，拓宽学生从中职、专科、本科到研究生的上升通道，建立学分积累与转换制度，满足学生多样化的学习需求，为集团成员企业员工接受职业教育提供机会。

(三) 开展培训鉴定，促进就业创业。推动集团信息交流平台建设，共享招生、就业、培训、技术服务等方面供需信息。坚持校企合作、工学结合，广泛开展委托、定向、订单、现代学徒制培养等，不断提高学生就业质量和创新创业能力。充分利用集团内实训基地和职业技能鉴定站，面向集团内部企业员工开展岗前培训、岗位培训、继续教育，提升企业员工技能水平和岗位适应能力。面向未就业初高中毕业生、农村剩余劳动力、退役士兵、

失业人员、残疾人等群体，广泛开展职业教育和培训，提高其就业、再就业和创业能力。

(四) 服务区域社会经济发展。服务区域发展战略和主体功能区战略，统筹集团成员院校专业布局和培养结构，建立职业教育与产业对话机制，为区域经济发展提供人才支撑。明确办学服务定位，整合集团各类资源，充分发挥优质资源的引领、示范和辐射作用，实现以城带乡、以强带弱、优势互补，推动职业院校标准化、规范化和现代化建设。强化区域合作、城乡一体，深化招生就业、专业建设、课程开发、资源共享等合作，促进区域社会经济可持续发展。加强与跨国企业、国(境)外院校合作，提升集团教育国际影响力和产业国际竞争力。

图7-3 淄博职业教育集团章程(二)

附件

山东省骨干职业教育集团名单

集团名称	牵头单位
山东省畜牧职业教育集团	山东畜牧兽医职业学院
淄博职业教育集团	淄博职业学院
烟台市服务外包职业教育集团	烟台职业学院
山东省粮食职业教育集团	山东商务职业学院
山东省建设职教集团	山东城市建设职业学院
聊城市第一职业教育集团	聊城职业技术学院
山东省船舶制造职教集团	烟台船舶工业学校
山东省轨道交通职业教育集团	山东职业学院
烟台市服装职业教育集团	烟台经济学校
淄博市创业职业教育集团	山东省淄博市工业学校
青岛西海岸职教集团	青岛西海岸职教集团有限公司
淄博市建筑职业教育集团	淄博建筑工程学校
临沂市现代农业职业教育集团	临沂市农业学校
德州职业教育集团	德州职业技术学院
青岛电子信息业职业教育集团	青岛电子学校

图 7-4 淄博职业教育集团入选"山东省骨干职业教育集团"

三、成立"教育教学委员会",实现职业教育的一体化

该培养模式与过去的中高职教育贯通相比,其新的特点和创新是:该培养模式是在电子商务职业教育集团一体化办学背景下进行的。成立"教育教学委员会"(专业指导委员会、教学指导委员会和就业指导委员会等)可以使职业教育集团内的各层次院校共享集团资源,整体设计人才培养方案,合理贯通课程体系和课程层次,避免了重复设置课程、对接生硬现象的出现。

在此条件下,中职、高职和应用型本科教育可以在人才培养目标、课

程体系、教学组织等方面进行全方位的融合,并通过"教育教学委员会"在集团内部实施教学改革,开展专业建设、课程建设和教材建设等,可以实现职业教育的一体化。

该培养模式中参与统一招生的各层次院校能够在集团内部有效进行教育资源的优化配置,可以实行7年(2年中职+3年高职+2年应用型本科)的人才培养模式,最终以本科文凭毕业。

该培养模式的前两年进行中职教育,重点对学生进行专业文化基础和职业素质的培养。中间三年进行高职教育,重点进行专业实践技能和创业创新能力的培养。最后两年进行应用型本科教育,重点培养符合经济发展需要,具有独立的技术研究能力,能够把工程理论和技术实践相结合的本科层次的高级电子商务技术和管理人才。

第二节 与区域经济良性互动发展的有效途径

一、理顺一体化政策机制

教育部2011年"高职教育引领职教科学发展战略专题研修班"就职业教育贯通的问题达成共识:职业教育的贯通需要营造"一体化"的管理政策环境。重新修订包括中职和高职的职业教育法、明确职业教育体系、制定职业教育管理体制。因此,淄博市政府首先要完善中职、高职、应用型本科教育层次贯通的政策和法律法规。对于《职业教育法》和《社会力量办学条例》要加大监督力度,严格执行,以推动职业教育的健康发展。

二、理顺"纵向一体化"管理机制

淄博市教委和五区三县的教育管理部门在管理归属上要保持一致,

以便师资建设一体化管理制度的实施。应用型本科院校、高职院校和中职学校在管理系统上要实施横向贯通。中职、高职和应用型本科的相同和相近专业在专业建设、课程建设、实训基地建设、科研和社会服务上要协同发展、共同提高,在升学招生上要实施对接,同职能的管理部门在管理上要协同交流,互通有无,资源共享。

三、制定和完善相关制度为职业教育的贯通提供制度保障

要加快完善中职、高职的独立招生考试制度、自主招生制度和保送制度等。同时,在学生转学和资格认可方面要加强制度建设,不仅要允许中职毕业生进入高等职业院校学习,还要允许其进入四年制应用型本科院校学习,要为中职毕业生提供更为广泛、更有吸引力的升学路径。

另外,放宽中职升高职、高职升本科层次贯通教育招生5%的比例,从政策上让更多的学生有机会接受更高层次的教育,让教育的终结性不再成为他们可持续发展的镣铐和绊脚石。

四、有效尝试真正意义上的本科层次和研究生层次的职业教育

高职院校是目前我国承担高职教育的主体,现在尚未存在真正意义上的本科层次和研究生层次的职业教育。因此,打通当前高职教育阶段的断头路,是拓展"后中高职贯通阶段"人才培养空间的必然选择。

从人才培养的深度看,拓展本科层次的职业教育,进行应用型本科人才的培养成为近十年来学术界的呼声。这不仅是对国际经验借鉴的结果,而且也是对我国经济发展需要和教育发展的层次间关系的再认识的结果。因此,需要进一步明确当前相关本科院校的办学层次,给予应用型本科院校以正式的名分,并深入开展相关研究和实践工作。同时,加大"专业学位研究生"的培养比例,强化人才培养的应用性,形成与学科学位并行的、富含职业教育特点的研究生教育也理应成为职业教育人才培养向高端发展的有效尝试。

从人才培养的广度看,根据高职学生的知识和能力拓展的需求,进行以"学分认证"为主要形式的改革,与普通教育机构间建立立交桥,实现普职互通也是发达国家发展职业教育的成功经验。在当前教育体制改革的形势下,在普通教育和职业教育之间建立以"学分"为基本元素的集学历、学位、职业资格于一体的教育质量保障体系确为现实所需。

第三节 带动贫困区县教育发展的机制研究

淄博地区包括五区三县,其中,中职学校有34所,包括中等技术学校8所、技工学校11所、成人中等专业学校15所。高职学校有5所,包括淄博职业学院、山东丝绸纺织职业学院、山东工业职业学院、山东化工职业学院、山东万杰医学高等专科学校。本科学校是山东理工大学。在五区三县的职业学校中,农村职业学校有12所。

农村职业教育是职业教育的重要组成部分,其发展水平直接影响职业教育的总体质量。因为农村的职业教育资源相对落后和匮乏,所以,这需要统筹城乡职业教育资源,使教育资源的分配让农村职业教育得到公平的发展机会。

一是进一步完善"政府主导,以区县为主"的管理体制,推动多元化的办学格局,推动公办教育和民办教育共同发展。充分发挥电子商务行业企业的作用,稳步推进电子商务职教集团化办学,鼓励农村职业学校加入职教集团,从而促进教育资源的优化配置,推动城乡职业学校之间联合招生、合作办学,并进一步促进城市职业教育带动农村职业教育的发展。

二是适当扩大高职教育对口招收农村职业教育的规模。同时,推进学历教育与职业培训的相互沟通,允许初中毕业生在修完中职院校职业培训课程后,以中职文凭毕业。

三是把加强职业教育作为服务新农村建设的主要内容。利用电子商务网络化的特点健全县域职业教育培训网络,支持各类学校积极参与新型农民、进城务工人员和农村劳动力的转移培训,增强服务"三农"的能力。

第四节 "层次贯通制"的现代职业教育体系服务区域经济的对策建议

一、高职电子商务人才教育服务区域经济的对策建议

(一)政策法规保障体系

"层次贯通制"的高职教育的政策法规保障体系是人才贯通教育的基础,淄博市教育行政部门作为教育管理部门要与时俱进,制定和完善相关的政策和法规。

一是要明确"层次贯通制"的中职、高职、应用型本科教育在淄博经济和社会发展中的地位和作用,认真执行国务院《关于大力发展职业教育的规定》,推动职业教育从计划向驱动转变。根据《职业教育法》和《社会力量办学条例》等政策法规的规定,根据淄博地区"五区三县"的经济发展水平和教育普及程度,面向人人、面向社会发展职业教育。

二是各级政府要切实履行发展职业教育的职责,把职业教育纳入经济社会发展和产业发展规划中。

三是逐步实行中职教育免费政策,完善就业准入制度,完善职业学校毕业生直接升学制度。

(二)政府统筹保障体系

1. 统筹规划

淄博市政府应根据经济发展的总体格局和人才就业需求预测等情况,健全全渠道投入机制,统筹发展中职、高职和应用型本科教育,制订"层次贯通制"的高职电子商务人才教育发展规划。

2. 统筹政策

淄博市政府应提高技能型人才的社会地位和待遇,加大对有突出贡献的高技能人才的宣传表彰力度,形成"行行出状元"的良好社会氛围,并制定扶持"层次贯通制"职业教育的政策。

3. 统筹办学

淄博市各级教育行政部门要会同各级劳动保障等部门,调动电子商务行业企业的积极性,促进职教集团校企合作的制度化,委托职业学校进行职工培训,建立电子商务职业技能鉴定体系,促进人才教育的协调发展。

4. 统筹资源

第六章第一节实证研究结果显示,淄博高校的布局结构与区域人口和经济发展的相关性不协调。所以,淄博市政府应根据区域人口和经济发展的需要,合理规划中职、高职和本科学校的布局,整合各种教育资源,提高人才教育的质量和办学效益。

(三)经费投入保障体系

1. 淄博市政府要制定区域高职教育生均经费标准,并依法督促各区县政府足额支付教育经费。各区县政府要按照生均经费标准,拨付办学经费,院校按照生均经费标准收取学费。

2. 对于承担职业师资培训和社会培训的学校,淄博市政府要调拨专项经费予以支持。

3. 职教集团要为学生的实训和实习提供必要的场所和设备。

(四)人才队伍保障机制

高水平、高质量的师资队伍是培养高水平、高质量人才的关键。所以,要吸引企业高技能人才到学校担任兼职教师,将企业先进的技术和技能以及行业企业的标准带入课堂。同时,要有计划地安排学校教师到企业锻炼和考察学习,以进一步提高自身的技术和技能水平,为高水平、高质量的人才教育提供师资保障。

二、高等院校与区域经济良性互动发展的对策建议

匹配区域产业发展、培养企业最需要的人才是高职教育发展的主旋律。前面探讨了"层次贯通制"的高职电子商务人才教育主动调整人才的教育结构以更好地服务区域经济,这为高等院校与区域经济的良性互动发展提供了借鉴。

(一)强化"服务办学"的理念

高等学校应立足区域经济发展的实际,围绕产业转型和新兴产业的发展,强化"服务办学"的理念,主动调整人才培养定位并突出办学特色,加强"教学、科研、社会服务"等功能,在为区域经济的发展培养高质量人才的同时也实现了与区域经济的协调和可持续发展。

(二)与时俱进,以区域的人才需求为导向来培养人才

区域产业结构的调整和升级决定了人才的就业结构,而人才的就业结构决定了人才的教育结构,所以,高等学校要与时俱进,根据区域产业结构的变化来优化学科和专业设置,并推动课程体系建设。课程设置要避免断档和重复,注重产教融合,主动适应区域经济的发展,培养社会真正需要的人才。

第五节　研究反思

一、建立普通高等教育体系与职业教育体系"等值"的观念

目前,中国的职业教育正面临着尴尬处境。高考招生时,考生最先报考本科院校,而高职院校是最终选择,有的宁愿复读也不愿意报考职业院校,这使得职业院校的生源质量难以保证,直接影响了职业教育的顺利贯通。所以,社会各界普遍认为职业教育是只有"差等生"才读的教育。鉴于此,要大力宣传高等职业教育在经济社会发展中的特殊地位,以及对培养多元化人才的重要作用。它在提高劳动者素质、促进经济社会发展等方面与普通高等教育一样都在发挥着巨大作用,都是最重要的智力保障,以消除人们认为职业教育是低水平教育的偏见,为职业教育的发展提供思想前提,创造良好的环境。

另外,要大力宣传"终身教育"的理念,调动人们积极接受职业教育,并切实提高职业教育的社会地位和待遇并将其制度化。加大对有特殊贡献的高技能人才的宣传力度,使全社会形成重视职业教育的良好氛围和认同性,为层次贯通的人才培养提供动力。

二、进一步从"大职教观"出发,立足于"终身学习,终身发展"的理念,面向人人,面向全社会,办满足社会需求的可持续发展的现代职业教育

加快"纵向贯通、横向沟通"的立交桥的步伐,使职业教育不仅能培养人的职业技能,而且还能提供多元化、多层次、终身学习的机会。使职业教育的毕业生在向其他领域发展时,不再被拒绝在"门槛"之外,比如,"公务员"报考门槛、"985 本科"门槛、"原始本科"门槛等。

职业教育不同于学术型教育,它的学历体系应该包括:中职、高职、本科、硕士生、博士生。这套体系完整且独立,其吸引力在于充分考虑了学生的终身发展。学生毕业后,可以选择就业,可以选择继续升学,可以选择创业,也可以选择留学等多种渠道发展,而不再遭遇"门槛"之类的不公平。只有这样,职业教育才会真正走出目前的尴尬处境,才会真正与普通高等教育等值,也才会真正让学生满意、让社会满意。也只有这样,社会各界才会对职业教育高看一眼,厚爱一分,把职业教育看成学生人生发展的一个非常有前途的选择和途径,中国特色的"立交桥"式的现代职业教育体系才会真正构建起来。

总之,现代职业教育是贯穿于个人职业生涯的教育,它可以"横向沟通,纵向贯通"来满足学生终身学习的需要。它不仅能培养多层次的技能型劳动者,而且也能通过贯通教育来培养高端岗位需要的企业家和管理者。所以,我们要以"大职教"的理念来建设"立交桥式"的现代职业教育体系,办好让人民满意的教育。

第六节　成果获奖

本书的研究取得了可喜的成果,其中,"'层次贯通制'的高职电子商务专业的人才培养模式与淄博区域经济协调发展的实证研究"于2014年12月荣获"第一届山东省职业技术教育科学研究成果二等奖",见图7-5。

论文《高职电子商务人才教育服务淄博区域经济发展的现状研究》于2011年9月公开发表于期刊《今日财富》;论文《淄博市电子商务人才教育对经济增长贡献的实证研究》于2015年7月公开发表于CSSCI期刊《高等工程教育研究》,并于2017年10月荣获"淄博市自然科学优秀学术成果二等奖",见图7-6。

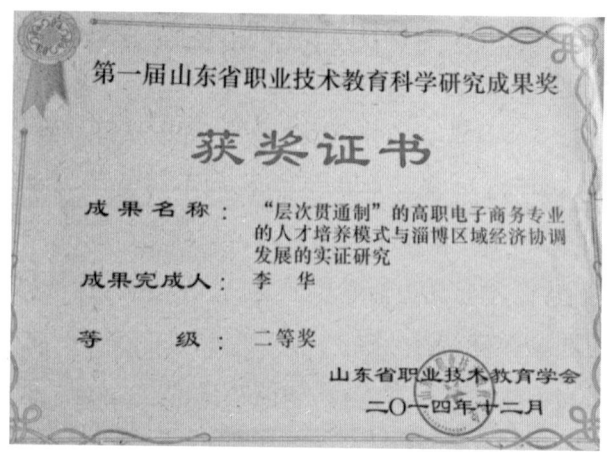

图7-5 成果荣获"第一届山东省职业技术教育科学研究成果二等奖"

图7-6 成果荣获"淄博市自然科学优秀学术成果二等奖"

附录

人才需求调查表

附表1　电子商务专业职业岗位（群）调查表

单位名称	淄博市×××信息中心
	淄博市×××网络信息中心
职业岗位（群）名称	网络营销
社会能力和素质要求	1. 社会能力 良好的思想政治素质；较强的法律意识和责任意识；良好的电子商务职业品格和严谨的行为规范；较强的人际沟通能力、团队精神和协作精神。 2. 素质 吃苦耐劳、敬岗爱业；熟悉政府的基本职能、掌握待人接物的礼仪和把握国家时事的能力；具有中等技术能力水平；具有诚信品质、敬业精神、责任意识和遵纪守法意识；不谋私利，廉洁自律，坚持公平、公正的工作原则，保守职业秘密
能力技能要求	1. 具有网络调查问卷的设计能力、产品图像采集与处理能力、制定网络营销策略的能力；具有信息的搜集、加工和创新的能力；具有业务系统（比如GIS、综合数据库）的数据交换能力（包括交换原则的制定、交换平台的设计和交换协议的设计等）。 2. 具有广电网络的安装、维护和维修等能力；具有学习能力（包括灵活掌握业务知识、商业情报检索与分析能力、使用网络交流工具的能力、灵活处理业务流程并对业务处理信息进行提炼以及创新等），技术能力要达到中等计算机水平以上
知识要求	掌握市场营销、网络营销的基本知识；掌握网络的基本知识；掌握信息处理及加工的基本知识；掌握网站建设与维护的基本知识；掌握数据库开发和维护的基本知识；掌握信息文字的加工处理的方法并进行创新等
证书及其他要求	1. 教育部普通高等学校毕业证书（大专） 2. 基本技能证书 （1）山东省计算机文化基础考试合格证书 （2）山东省高职高专英语应用能力考试合格证书 （3）电子商务师证书

附表2　电子商务专业职业岗位(群)调查表

单位名称	青岛×××信息有限公司	
	淄博×××网络	
职业岗位(群)名称	互联网营销、客户服务	
社会能力和素质要求	1. 社会能力 良好的思想政治素质;较强的法律意识和责任意识;良好的电子商务职业品格和严谨的行为规范;较强的团队精神和协作精神;能与工商企业及其他客户建立良好、持久的关系。 2. 素质 具有吃苦耐劳、敬岗爱业、踏实肯干的工作态度;具有中等技术能力水平;综合素质高(团队合作意识强、竞争意识强、沟通能力强)	
能力技能要求	1. 具有熟练使用CRM软件的能力;具有与客户有效沟通能力;具有良好的语言表达能力;具有网站规划与运营能力;具有文案编写能力等。 2. 熟悉网络,具有网络营销和熟练使用办公软件的能力;具有在线交流的能力;具有商务网站搭建与维护能力;具有把握互联网的发展、应用和发展趋势的能力;具有销售EC平台和前台搜索的能力(主推阿里巴巴)等	
知识要求	掌握网络的基本知识;掌握客户关系管理、商务礼仪的基本知识;掌握市场营销、网络营销的基本知识;掌握数据库开发和维护的基本知识;掌握信息文字的加工处理的方法并进行创新等	
证书及其他要求	1. 教育部普通高等学校毕业证书(大专) 2. 基本技能证书 (1)山东省计算机文化基础考试合格证书 (2)山东省高职高专英语应用能力考试合格证书 (3)电子商务师证书 (4)网络营销师证书	

附表3　电子商务专业职业岗位(群)调查表

单位名称	×××食品(中国)有限公司
	淄博市×××网络服务公司
	青岛×××股份有限公司
职业岗位(群)名称	互联网贸易、网络客服和互联网营销
社会能力和素质要求	1. 社会能力 良好的思想政治素质;较强的法律意识和责任意识;较强的团队精神和协作精神。 2. 素质 具有吃苦耐劳、敬岗爱业、踏实肯干的工作态度;具有初级技术能力水平;综合素质高(团队合作意识强、竞争意识强、沟通能力强);具有从事本专业工作所必需的相关财经、贸易、金融和法律方面的知识;具有管理与营销方面的知识,掌握现代商务理论与实务知识
能力技能要求	1. 具有利用网络工具进行信息的收集、处理和创新能力。 2. 熟悉网络,具有销售EC平台和前台搜索的能力(主推阿里巴巴)及文案撰写能力;具有网站建设与维护能力;洞悉电子商务的发展趋势,具有网络营销策划及业务推广能力等
知识要求	掌握贸易、财经和法律以及网络的基本知识;掌握市场营销、网络营销和贸易实务的基本知识;掌握数据库开发和维护的基本知识;掌握信息文字的加工处理的方法并进行创新等
证书及其他要求	1. 教育部普通高等学校毕业证书(大专) 2. 基本技能证书 (1)山东省计算机文化基础考试合格证书 (2)山东省高职高专英语应用能力考试合格证书 (3)电子商务师证书 (4)网络营销师证书

附表 4　电子商务专业职业岗位（群）调查表

单位名称	青岛×××股份有限公司				
	淄博×××物流有限公司				
	青岛×××信息服务有限公司				
被调查人工作岗位	物流配送	职务职称	业务员	技术级别	中级
职业岗位（群）名称	网站推广、互联网营销和网络客服				
社会能力和素质要求	1. 社会能力 良好的思想政治素质；较强的法律意识和责任意识；较强的团队精神和协作精神。 2. 素质 具有吃苦耐劳、敬岗爱业、踏实肯干的工作态度；具有中等技术能力水平；综合素质高（团队合作意识强、竞争意识强、沟通能力强）				
能力技能要求	1. 熟悉电子商务物流的发展趋势，具有现代物流运营与操作能力。 2. 熟悉网站规划、建设、推广等流程，具有商务网站的运营及推广能力；具有较强的根据客户的需求进行物流运作的能力。 3. 具有客户关系管理的能力；具有开发新客户和维护老客户的基本能力				
知识要求	掌握电子商务和电子商务物流的基本知识；掌握市场营销、网络营销的基本知识；掌握客户关系管理的基本知识				
证书及其他要求	1. 教育部普通高等学校毕业证书（大专） 2. 基本技能证书 （1）山东省计算机文化基础考试合格证书 （2）山东省高职高专英语应用能力考试合格证书 （3）电子商务师证书 （4）物流师证书				

附表5　电子商务专业职业岗位（群）调查表

单位名称	烟台×××销售服务有限公司				
	淄博×××针织有限公司				
	潍坊×××商贸有限公司				
被调查人工作岗位	销售	职务职称	销售员	技术级别	中级
职业岗位（群）名称	互联网贸易、网络客服和网络营销				
社会能力和素质要求	1. 社会能力 良好的思想政治素质；较强的法律意识和责任意识；较强的团队精神和协作精神。 2. 素质 具有吃苦耐劳、敬岗爱业、踏实肯干的工作态度；具有中等技术能力水平；综合素质高（团队合作意识强、竞争意识强、沟通能力强）；具有从事本专业工作所必需的相关财经、贸易、金融和法律方面的知识；具有管理与营销方面的知识，掌握现代商务理论与实务知识				
能力技能要求	1. 具有利用互联网进行信息收集和处理能力；熟练使用CRM软件进行客户沟通、客户开发、客户维护等能力。 2. 洞悉网络贸易的发展趋势和方向，对企业产品能够进行网络营销和市场营销。 3. 洞悉电子商务的发展和应用，具有较强的销售EC平台的前后台业务的操作能力				
知识要求	掌握贸易、财经和法律以及网络的基本知识；掌握市场营销、网络营销、贸易实务、客户关系管理、商务礼仪的基本知识；掌握数据库开发和维护的基本知识；掌握信息文字的加工处理的方法并进行创新等				
证书及其他要求	1. 教育部普通高等学校毕业证书（大专） 2. 基本技能证书 （1）山东省计算机文化基础考试合格证书 （2）山东省高职高专英语应用能力考试合格证书 （3）电子商务师证书				

附表6 电子商务专业职业岗位(群)调查表

单位名称	淄博×××网络有限公司				
	淄博×××网络				
	上海×××有限公司				
	淄博×××物资有限公司				
被调查人工作岗位	网站开发	职务职称	业务员	技术级别	中级
职业岗位(群)名称	互联网营销、网站开发				
社会能力和素质要求	1. 社会能力 良好的电子商务职业品格和严谨的行为规范;较强的团队精神和协作精神;能与工商企业及其他客户建立良好、持久的关系。 2. 素质 具有吃苦耐劳、敬岗爱业、踏实肯干的工作态度;具有高级技术能力水平;综合素质高(团队合作意识强、竞争意识强、沟通能力强)				
能力技能要求	1. 具有熟练应用静态和动态网页设计工具进行网页设计的能力;具有VI和视觉营销设计能力等。 2. 熟练应用网站程序实现原理,具有开发网站前后台及数据库的能力等。 3. 具有读懂代码及编写代码的能力等				
知识要求	掌握网络的基本知识;掌握市场营销、网络营销的基本知识;掌握数据库开发、网站开发和维护的基本知识;掌握信息文字的加工处理的方法并进行创新等				
证书及其他要求	1. 教育部普通高等学校毕业证书(大专) 2. 基本技能证书 (1)计算机二级证书 (2)大学英语四级证书 (3)电子商务师证书				

附表7 电子商务专业职业岗位(群)调查表

单位名称	青岛×××股份有限公司				
	青岛×××管理咨询有限公司				
被调查人工作岗位	网站开发	职务职称	技术员	技术级别	高工
职业岗位(群)名称	网站开发、网站维护和网站设计				

社会能力和素质要求	1. 社会能力 良好的思想政治素质;较强的法律意识和责任意识;良好的电子商务职业品格和严谨的行为规范;较强的人际沟通能力、团队精神和协作精神。 2. 素质 具有吃苦耐劳、敬岗爱业、踏实肯干的工作态度;具有高级技术能力水平;综合素质高(团队合作意识强、竞争意识强、沟通能力强)
能力技能要求	1. 具有熟练应用静态和动态网页设计工具进行网页设计的能力,能够制作大型商务网站。 2. 具有VI和视觉营销设计能力等,并将之应用到网络广告和传统媒体广告上。 3. 熟练应用网站程序实现原理,具有开发网站前后台及独立开发和管理数据库的能力等。 4. 具有读懂代码及编写代码的能力等
知识要求	掌握网络的基本知识;掌握市场营销、网络营销的基本知识;掌握数据库开发、网站开发和维护的基本知识;掌握信息文字的加工处理的方法并进行创新等
证书及其他要求	1. 教育部普通高等学校毕业证书(大专) 2. 基本技能证书 (1)计算机二级证书 (2)大学英语四级证书 (3)电子商务师证书

附表8　电子商务专业职业岗位（群）调查表

单位名称	淄博×××科技有限公司				
	青岛×××网络公司				
	淄博×××材料科技有限公司				
	淄博×××设施科技有限公司				
被调查人工作岗位	网站维护	职务职称	技术员	技术级别	中级
职业岗位（群）名称	网络营销、网站维护				

社会能力和素质要求	1. 社会能力 良好的思想政治素质；较强的法律意识和责任意识；良好的电子商务职业品格和严谨的行为规范；较强的人际沟通能力、团队精神和协作精神。 2. 素质 具有吃苦耐劳、敬岗爱业、踏实肯干的工作态度；具有中等技术能力水平；综合素质高（团队合作意识强、竞争意识强、沟通能力强）
能力技能要求	1. 具有熟练应用静态和动态网页设计工具进行网页设计的能力，具有VI和视觉营销设计能力等。 2. 熟练应用网站程序实现原理，具有开发网站前后台及数据库的能力等。 3. 洞悉电子商务的发展趋势，具有网络营销策划及业务推广能力等
知识要求	掌握网络的基本知识；掌握市场营销、网络营销的基本知识；掌握数据库开发、网站开发与维护的基本知识；掌握信息文字的加工处理的方法并进行创新等
证书及其他要求	1. 教育部普通高等学校毕业证书（大专） 2. 基本技能证书 （1）山东省计算机文化基础考试合格证书 （2）山东省高职高专英语应用能力考试合格证书 （3）电子商务师证书

附表9　电子商务专业职业岗位(群)调查表

单位名称	×××管理服务有限公司				
	×××电子商务有限公司				
	山东淄博×××管理咨询有限公司				
被调查人工作岗位	网络营销	职务职称	营销员	技术级别	初级
职业岗位(群)名称	网络营销				

社会能力和素质要求	1. 社会能力 良好的思想政治素质;较强的法律意识和责任意识;良好的电子商务职业品格和严谨的行为规范;较强的人际沟通能力、团队精神和协作精神。 2. 素质 具有吃苦耐劳、敬岗爱业、踏实肯干的工作态度;具有中等技术能力水平,综合素质高(团队合作意识强、竞争意识强、沟通能力强);具有管理与营销方面的知识,掌握现代商务理论与实务知识
能力技能要求	1. 把握电子商务的发展趋势,具有市场调查、营销策划、文案编写能力。 2. 具有销售EC平台和前台搜索的能力。 3. 熟练掌握企业及商业网站前台后台操作业务,能够对企业产品进行网络推广
知识要求	掌握贸易、财经和法律以及网络的基本知识;掌握市场营销、网络营销和贸易实务的基本知识;掌握数据库开发和维护的基本知识;掌握信息文字的加工处理的方法并进行创新等
证书及其他要求	1. 教育部普通高等学校毕业证书(大专) 2. 基本技能证书 (1)山东省计算机文化基础考试合格证书 (2)山东省高职高专英语应用能力考试合格证书 (3)营销师证书

附表 10 电子商务专业职业岗位(群)调查表

单位名称	×××青岛分公司 ×××(淄博店)				
被调查人工作岗位	物流理货	职务职称	理货员	技术级别	中级
职业岗位(群)名称	网络营销和网络客服				

社会能力和素质要求	1. 社会能力 良好的思想政治素质;较强的法律意识和责任意识;良好的电子商务职业品格和严谨的行为规范;较强的人际沟通能力、团队精神和协作精神。 2. 素质 具有吃苦耐劳、敬岗爱业、踏实肯干的工作态度;具有中等技术能力水平;综合素质高(团队合作意识强、竞争意识强、沟通能力强);具有管理与营销方面的知识,掌握现代商务理论与实务知识
能力技能要求	1. 熟练应用 CRM 软件进行客户关系管理的能力;具有在线交流的能力;具有较强的根据客户需求进行物流配送的能力。 2. 具有网站建设、运营、维护等能力。 3. 具有网络调查问卷的设计能力、产品图像采集与处理能力、制定网络营销策略的能力等
知识要求	掌握互联网和现代物流的基本知识;掌握市场营销、网络营销的基本知识;掌握客户沟通、客户开发、客户维护等基本知识
证书及其他要求	1. 教育部普通高等学校毕业证书(大专) 2. 基本技能证书 (1)山东省计算机文化基础考试合格证书 (2)山东省高职高专英语应用能力考试合格证书 (3)电子商务师证书

附表 11　电子商务专业职业岗位(群)调查表

单位名称	山东×××科技开发有限公司				
	山东×××资讯				
被调查人工作岗位	网络客服	职务职称	业务员	技术级别	初级
职业岗位(群)名称	网络客服				

素质要求	1. 社会能力 良好的思想政治素质;较强的法律意识和责任意识;良好的电子商务职业品格和严谨的行为规范;较强的人际沟通能力、团队精神和协作精神。 2. 素质 具有吃苦耐劳、敬岗爱业、踏实肯干的工作态度;具有中等技术能力水平;综合素质高(团队合作意识强、竞争意识强、沟通能力强);具有管理与营销方面的知识,掌握现代商务理论与实务知识
能力技能要求	1. 熟练应用 CRM 软件进行客户关系管理的能力。 2. 具有文字快速录入的能力、良好的在线交流能力。 3. 具有网络调查问卷的设计能力、产品图像采集与处理能力、制定网络营销策略的能力等
知识要求	掌握客户关系管理的基本知识;掌握网络营销的基本知识;掌握信息文字的加工处理的方法;熟练录入汉字;掌握商务礼仪的基本知识等
证书及其他要求	1. 教育部普通高等学校毕业证书(大专) 2. 基本技能证书 (1)山东省计算机文化基础考试合格证书 (2)山东省高职高专英语应用能力考试合格证书 (3)电子商务师证书

参考文献

[1]李华:《国家示范性高等职业院校人才培养模式指导体系的构建》,载《科技致富向导》2012年第15期。

[2]李华:《网上创业带动高职电子商务教学改革的探讨》,载《中小企业管理与科技》2010年第8期。

[3]李华:《电子商务专业考试模式改革探讨》,载《中小企业管理与科技》2011年第9期。

[4]王永红、汤煊琳:《基于区域经济的高职院校专业设置的现状、问题及对策探究——以无锡地区为例》,载《课程教育研究》2013年第2期。

[5]李华:《基于信息技术的课程整合——网上创业环境下的探究型教学模式探索》,载《现代妇女》2014年第10期。

[6]李华:《高职电子商务人才教育服务淄博区域经济发展的现状研究》,载《今日财富》2011年第9期。

[7]李华:《淄博市电子商务人才教育对经济增长贡献的实证研究》,载《高等工程教育研究》2015年第4期。

［8］崔玉平:《教育规模扩大对长期经济增长的引致贡献》,载《教育与经济》2007年第2期。

［9］周昌林、魏建良:《流动人口对城市产业结构升级影响的实证研究——以宁波市为例》,载《社会》2007年第4期。